アメリカはなぜイラク攻撃をそんなに急ぐのか？

フォーリン・アフェアーズ・コレクション

フォーリン・アフェアーズ・ジャパン編・監訳

朝日文庫

アメリカはなぜイラク攻撃をそんなに急ぐのか？■目次

〔フォーリン・アフェアーズ・コレクション〕

アメリカはなぜイラク攻撃をそんなに急ぐのか?

第一部　イラク侵攻策の全貌

サダム追放策の全貌を検証する

――国際協調と単独行動主義の間

Getting Saddam : A Debate

〔スピーカー〕

リチャード・N・パール
レーガン政権・国防次官補

レオン・S・ファース
クリントン政権・国家安全保障問題担当副大統領補佐官

〔司会〕

レスリー・ゲルブ
米外交問題評議会会長

以下は、二〇〇二年一月二十二日、ニューヨークの米外交問題評議会で開かれたアメリカの対イラク戦争に関する討論・議事録からの要約・抜粋。

レスリー・ゲルブ　今夜のテーマはアメリカの対イラク政策です。ゲスト・スピーカーは二人ともイラク問題、そして外交全般に関する専門家であるリチャード・パールとレオン・ファース氏。ここで簡単に両氏を紹介します。リチャード・パールは、冷戦期における最も有力な上院議員の一人であるヘンリー・ジャクソンの首席補佐官を皮切りに、外交・防衛畑でキャリアを積み、レーガン政権では国防次官補を務め、現在はアメリカン・エンタープライズ研究所のレジデント・フェローです。リチャードはペンタゴンやアメリカの安全保障政策に関する非政府系の有力な専門家集団である「国防政策委員会」の議長でもあります。

一方のレオン・ファースは国務省に入省後、下院スタッフに転じ、レス・アスピン議員の補佐官、上院ではアル・ゴア議員の外交顧問を、そして、クリントン政権では、ゴア副大統領の国家安全保障問題担当補佐官を務めました。現在は、ジョージ・ワシントン大学の客員教授です。では最初にレオンから、どうぞ。

対テロ戦争を優先し、サダム追放策はタイミングをはかれ

レオン・S・ファース　対イラク政策はどうあるべきか。最低限言えるのは、やみくもに突進することは、政策でもなければ、戦略でもないということだ。サダム・フセインを政権ポストから追い落とす必要があるという点では、私とリチャードの間に立場の違いはないと思う。だが、タイミングが大切だ。われわれは、まともな対応ができる環境になってから、サダムへの対策をとるべきだ。安易にアフガニスタンからイラクへという流れの中で、イラクを攻撃すべきではない。

即座にイラクをたたくのは多くの理由から不可能である。仮に可能だとしても、私はいますぐイラクに対する作戦を実施するのは戦略的に間違っていると考えている。サダムがどこにいるか、いかに危険であるかはわかっているのだから、そうするに十分な理由があれば、直ちにイラクを攻撃してもおかしくはない。だが、現在アメリカが直面している脅威が何であるかを考える必要がある。

ブッシュ政権が現在、対テロ戦争を戦っているのは、アルカイダというテロ・ネットワークによってアメリカが攻撃されたからだ。それは、国ではなく、世界各地に広がりをみせる非国家ネットワーク・システムによる攻撃だった。このネットワークは、インターネット、縦ではなく横でつながる組織モデル、そして、防衛する側ではなく、攻撃をかける側にとって有利なコミュニケーション技術によって統合されている。

われわれが認識すべきは、ニューヨークとワシントンで起きたテロ事件がドイツで計画されていたこと、そのための資金が世界の金融ネットワークを縦横無尽に行き来していたこと、実行犯たちが世界各地を活動領域としていたこと、そして、彼らがテロの訓練をアメリカで行っていたという事実だ。テロ・ネットワークがアメリカを攻撃したのであって、バグダッドやテヘランが攻撃したのではない。

われわれは、そのようなテロ・ネットワークが、今後大量破壊兵器でアメリカを再攻撃することのないように、時間との戦いを繰り広げている。それが必ずしも核兵器であると想定する必要はないが、こうしたネットワークが利用するであろう大量破壊兵器はほかにも数多くあり、これは大いなる恐怖である。

さらに忘れてはならないのは、アルカイダがアメリカ本土への攻撃だけでなく、その前にも、アフリカにおける二つの米大使館へのテロ、イエメンでの米イージス艦への自爆テロを実行し、未遂に終わったとはいえ、二十一世紀の幕開けの年に、フィリピンにあるテロ・ネットワークと協力して、太平洋上のアメリカの旅客機を狙った一連のテロを計画していたことだ。これはグローバル・ネットワークによるテロであり、それに対処する戦いも、作戦に参加することを自国の利益の一部とみなす国々によるグローバルな連帯を通じたものでなければならない。

だからといって、われわれはサダム・フセインが問題を起こさないように祈るしかないというつもりはない。彼が自らの保身に汲々とし、防衛に専念せざるを得ないような環境を作りだすためにわれわれができることは数多くある。

時とともに、イラク国民会議（ＩＮＣ）が有力な反政府勢力に成長するかもしれない（訳注　ＩＮＣは一九九二年にクルド人組織、シーア派、スンニ派など広範な民族、宗教団体がウィーンで結成した反政府組織で、ロンドンに本部を置く。代表は、アハマド・チャラビ）。いまは無理としても、時間がたてば、イラク国内で反政府運動が展開される可能性も出てくるし、われわれは彼らと協調すべきだろう。また、国連による厳格な大量破壊兵器査察を再開する努力を地道に続け、機が熟した時に、最終的にわれわれがとるであろう行動の是非をめぐって、アメリカ市民が判断できるような環境を準備しておくべきだろう。つまり、国連による査察の順守をイラクに求め、それが拒否された場合に、既存の安保理決議の枠内でわれわれが自衛のための行動を起こす権利を求めるかどうかだ。

われわれが国を相手に戦いを繰り広げる時には、米本土の防衛も抜かりのないようにしなければならない。いずれにせよ米本土の安全体制を強化する必要があるが、これは、六週間、あるいは六カ月程度でどうにかなるものではない。米本土の安全強化のためには、アメリカの国防、法システムの大再編が必要になる。

アメリカ本土の防衛体制に向けて最善の努力をしたとしても、具体的に何ができるかについては哲学的に、つまり、曖昧にならざるを得ないと言う人もいるだろう。だが私は、ミサイル防衛構想の支持者たちも、このアドバイスに耳を傾けるべきだと思う。ミサイル防衛構想に関して哲学的でありたくないのなら、テロからの防衛についても哲学的であってはならない。テロ・ネットワークとの戦争が最優先課題であり、国家を相手に戦闘を挑むのかどうかを決める前に、テロ・ネットワークとの戦争を間違いなく管理下においておく必要がある。

誤解のないように言っておくと、サダム・フセインの問題を無制限に先送りせよと言っているわけではない。無制限に先送りすれば、タイミングを失ってしまう。だから、絶妙のタイミングを選ぶ必要がある。だが、アフガニスタンでの戦争の区切りがついたばかりのこの段階で、イラクへの作戦を開始するのは適切ではない。現時点での適切な行動は、テロ・ネットワークとの戦いを続けることだ。

対応の遅れは、サダムに主導権を与える

リチャード・N・パール　八一年にイスラエル政府は非常に困難な決定を下した。熟慮を重ねた末、イスラエルは、イラク国内の原子炉を空爆で破壊することを決定する。その理由は、その段階で原子炉を破壊しなければ、攻撃そのものが不可能になってしまう、つまり、稼働後の原子炉を破壊した場合の被害が人道的に許容できぬものとなると考えたからだ。こうしてイスラエルは、もうこれ以上は攻撃を待てないと判断した。閣議での意見が二つに分かれるという困難な状況にありながらも、イスラエル政府は攻撃を決定し、原子炉を破壊した。もしイスラエルが行動に出ていなければ、おそらく、サダム・フセインはいま現在、核兵器というオプションを手にしていただろう。

サダムは核兵器を獲得しようと試みている。いつ、彼が核兵器を手にするかは誰にもわからない。それは、一、二年、あるいは五年後かもしれないし、明日かもしれない。いずれにせよ、サダムが執拗に核兵器の獲得をもくろんでいるのは間違いない。しかも彼は、化学兵器、生物兵器をすでに保有しているし、自国の民間人に世界で初めてそうした兵器を使用しただけでなく、イラン・イラク戦争の際にもこれをイラン軍に対して使用した。

サダム・フセインはアメリカに対する敵愾心をむき出しにしているだけでなく、国内で恐怖政治体制を敷き、イラク市民からも嫌われている。彼は軍隊を動かし、指揮官を更迭し続けている。その理由は、自分が支配者であることを常に国民に認識させておきたいからで、逆にいえば、国内の反対派が脅威であることを理解しているからだ。また、サダム・フセインがアメリカにとっての脅威であることは言うまでもない。

アメリカの郵便システムを利用した炭疽菌テロからもわかるように、大量破壊兵器を誰が実行犯であるかを突き止められない形で使用することもできる。われわれが常に頼みとしてきた抑止は、こうした環境ではうまく機能し得ない。

レオンの言うとおり、サダム・フセインを政権から排除しなければならないという点では私と彼の間に立場の違いはない。ただレオンは、サダム追放作戦をいま実施すべきかどうかについては確信が持てないようだ。しかし、サダム・フセインは核兵器を開発しているし、化学兵器、生物兵器を所有し、テロ・ネットワーク、それもレオンが指摘したアルカイダというテロ・ネットワークとの接触を持っている。

つまり、われわれは、八一年のイスラエル同様に、重大な選択を迫られている。もちろん、レオンの言うように、機が熟すまでタイミングを待つこともできる。われわれがタイミングを待ち、それまで実力行使に出ないことも、理論的には選択肢として成立するかもしれない。だがこれは、サダムがアルカイダやその他のテロ集団に生物兵器を提供しても、テロ組織がそれを使用しないことを期待するという無為無策にほかならず、現実には選択肢とはならない。

私は、タイミングを待つというやり方の危険は非常に大きく、一方で、なるべく早くサダムを政権の座から追い落とすことの利益は、サダムが突きつけている脅威だけでなく、アメリカと中東諸国の関係を改善する上でも、計り知れないほど大きな意味を持つと考えている。なるべく早くサダム追放策をとることの価値は、そのリスクをはるかに上回るはずだ。

また私は、サダムを政権から追い落とすという任務は、イラクの反政府勢力と協調することで実現できると思っている。

レオンが、さまざまなイラクの反政府勢力を束ねたＩＮＣには、まだそのような力がないと発言するのは勝手だが、八年にわたって、ＩＮＣがそうした力を持つように支援してこなかったのは彼が仕えた民主党政権であることを忘れてもらっては困る。公正に言うなら、現ブッシュ政権も、最初の一年間には、そうした支援を全く行ってこなかった。だが、サダム・フセインを政権から追放する必要があるという決定にわれわれが正面から向き合わない限り、ＩＮＣ支援が強化されることはない。（イラク問題を正面からとらえつつあるブッシュ政権は）彼らに対抗勢力としての力量を持たせるための具体的措置を今後検討するだろう。
ＩＮＣに対抗勢力としての力を持たせるには何が必要だろうか。それは、彼らに政治的支援を与え、基本的な軍事訓練を施すことだ。そうしておけば、アメリカの国益を守るためにサダム追放策の実施をワシントンが決断した時点で、われわれは現地に同盟勢力を持っていることになる。
　われわれは精密誘導兵器を中心とする、優れた軍事技術を持っており、精密誘導爆弾による攻撃と、現地での訓練された部隊と米軍部隊を合体させて作戦に当たらせれば、サダム・フセインが突きつけている脅威を取り除けるはずだ。オサマ・ビンラディンに対する作戦が、惨劇が起きた後の事後的な対応となってしまったことを忘れてはならない。私はこの点からも、サダム・フセインに対する作戦のタイミングを逃してはならないと思う。テロの脅威が存在しているのがわかっていたのに、行動を起こすのを先送りし、結局は、ビンラディンがテロを実行するのを許してしまった。サダム・フセインについて同じ間違いを繰り返すべきではない。

イラクとイラン、どちらが深刻な脅威か

ゲルブ　では、反論を、レオンから。

ファース　サダム・フセインがわれわれに敵愾心を持つ危険な人物であるというリチャード

の指摘には同意する。だが彼は、サダム・フセインが、あたかもわれわれが直面する問題の中枢であるかのような言い方をしている。われわれが直面しているテロについていえば、イラクよりも、イランのほうがより大きな問題だ。世界的にみても、国際テロ・ネットワークの活動が最も盛んなのはイランだし、テヘランはそれをいかに利用するかも心得ている。しかも、イランを打倒しようとすれば、アメリカが手痛いダメージを被るであろうことを、テヘランはわれわれに直接・間接的に認識させている。しかし、奇妙にも、バグダッドの次には、テロの中核拠点であるテヘランにわれわれが攻撃を仕掛けるべきだという話は聞いたことがない。

タイミングを待つことの危険は非常に大きいとリチャードは言ったが、一方で、彼はうまく準備されていない段階での時期尚早な行動が伴うリスクについてはほとんど触れていない。

彼はわれわれがＩＮＣと協調すべきだと言った。私は二日前に、副大統領とともにＩＮＣの指導者たちと話し合いの場を持ったが、その後、彼らがロンドンに帰り本部から送ってきた報告には、ワシントンを発ってわずか数時間しかたっていないというのに、「統一・共闘路線が崩れた」と書かれていた。加えて、ＩＮＣの指導層がサダム・フセインに対抗することを広く呼びかけてきた立派な人物たちであるのは事実だが、彼らは、イラク国内でサダム・フセインの軍隊を相手に軍事作戦を実行するという点では、これまでのところ全く見込みがない。

たしかに彼らを訓練することはできる。しかし、それが数週間、数カ月で終わるはずもない。アメリカの外交政策、地域政策、中東での地位を、ＩＮＣ及び彼らが米軍の空爆作戦とともにイラク国内で活動する能力に委ねてしまうのは賢明ではない。

状況が複雑化していくことを想定するのが政策を考える際の基本である。参謀本部も同じ意見だろう。問題は、大統領が参謀本部議長のアドバイスを却下して、数カ月以内にイラクへの攻撃という迅速な行動に出るかどうかだ。だが、私はそのようなやり方はうまくいくとは思わない。危機にさらされるもの、リスクともにあまりに大きすぎる。

アルカイダを壊滅させるだけで問題は解決しない

パール　レオンはイラク同様にイランも大きな脅威と考えているが、少なくとも彼は、われわれがイランに対して行動を起こすべきだとは言わなかった。レオンはいかなる国に対しても行動をとることには否定的で、だからこそ非国家のネットワークへの対策ばかり強調しているのではないか。

だが、われわれが対テロ戦争に勝利を収めるには、テロ・ネットワークそのものだけでなく、国内にテロリストをかくまい、支援している国をたたく必要がある。テロを根絶やしにするためにすべての国が取り組み、テロリストが犯罪者とみなされるようになれば、彼らも毎晩寝場所を変えざるを得ないほどに追い込まれて、テロリズムを打倒できる見込みも出てくる。しかし、われわれがテロを支援しているイラクのような国への対策を怠れば、テロリストたちは今後も聖域を持ち続け、彼らが開放的な社会に突きつける問題は管理不能になる。

レオンは、サダム追放作戦を実施するのはそう簡単ではないと言ったが、同様に、彼が求める米本土の安全保障体制を強化するのも簡単ではない。アメリカのような開放的な社会にテロリストが入り込めないような仕組みを作って、導入できる可能性は残念ながらきわめて低い。つまり、彼らがテロリズムという要素をこの国に持ち込むのを阻止するのが難しい以上、われわれが外に出ていってテロリズムを粉砕せざるを得ない。

イラクのＩＮＣについていえば、米議会が、ホワイトハウスに対してＩＮＣと踏み込んだ協調関係を築くようにと提言してから、すでに五年の月日が流れている。だがこの間、民主党のクリントン政権は何もしてこなかった。レオンはＩＮＣにその能力がないと言うが、われわれが協調できるような勢力へと、イラク国内の反政府勢力を育て上げることを怠ってきたのは民主党政権だ。

アフガニスタンの北部同盟にしても、われわれが手を差し伸べるまでは、大した勢力ではなかった。考えるべきは、われわれが作戦に乗り出す時に、現地でどのような勢力と協力関係を築けるかにある。なにも、明日あるいは一、二カ月以内にサダムに対する軍事作戦を実行すべきだと言っているわけではない。言いたいのは、われわれがサダム・フセインの追放に関して決定を下し、そのための戦略を選ぶ必要があるということだ。

レオンの言うとおりにしていたら、われわれは、いまから一年後、いや三年後も、いまと同じことを議論しているはずで、初歩的なステップさえも踏み出せていないだろう。なぜかといえば、レオンには全くリスクを引き受けるつもりがないからだ。より大きなリスクとは、何も手を打たないことのリスク、つまり、待ちの姿勢を続け、われわれに対して行動を起こすタイミングの決定権をサダムに与えてしまうことだ。こちらのほうがよほど危険に満ちている。

サダム追放作戦の国際的余波はどうなる

ゲルブ　アメリカでの世論調査を見る限り、サダム追放作戦への国内での支持率は高く、専門家集団の間でも肯定論が目立つ。だが、この件に関する諸外国の立場についてはあまり配慮されていない。サダム追放作戦の可能性をめぐる外国での評価について議論してほしい。

パール　こうした問題をめぐる外国政府指導者の意見には、私的な見解と公の見解があるものだし、この二つが同じでないことも多い。私的な見解に関していえば、われわれがサダムに対して本格的な作戦を実施するのであれば、この作戦を支持するという人々が多い。むしろ多くの諸国が懸念しているのは、われわれの対イラク作戦が中途半端で非効率的なものに終わることだ。

また、アメリカがサダム追放作戦を実施する可能性について態度を保留している国のほとんどは、われわれのようにはイラクの脅威にさらされていない。九月十一日にターゲットにされたのはアメリカであって、この作戦に批判的なフランスではない。フランスやロシアはサダムに対して、われわれとは異なるアプローチをしている。ヨーロッパ諸国のほとんどは、サダム・フセインによって脅かされているとは考えていない。

一方で、サダムはアメリカには敵意をむき出しにしている。一部の諸国とわれわれの対イラク認識が違うのは当然だし、ヨーロッパの同盟諸国の立場が違うのも仕方がない。

ファース　サダム追放作戦を実施するとすれば、トルコやサウジアラビアの後方支援面での協力が不可欠になる。だが、いまの見解だと、アメリカが世界の国々の意見を無視するのを他の国々が受け入れることを期待し、一方で、対テロ作戦をめぐっては、支援を続けるよう求めているように聞こえる。そうしたやり方は、われわれにとって必要不可欠な同盟や連帯を維持していくための現実的な方法ではない。私はサダム・フセインを政権から追放する必要があることに同意しているし、作戦実施のタイミングを永遠に先送りすべきだとは言っていない。私が強調しているのは、われわれが他の諸国に胸を張って示し、実行できるような、現実的なサダム追放計画を準備する必要があるということだ。

ＩＮＣの実力は

ゲルブ　では次のテーマ。ブッシュ政権がＩＮＣ支援策を打ち出せば、ＩＮＣは効果的な反サダム勢力になるだろうか。

パール　サダム・フセインが支配するイラクのような国の反体制派を支援すれば、われわれの側に取り込むのはそう難しくない。クリントン政権はＩＮＣに対して、ほぼ何もしないことを選択したが、ＩＮＣが、イラク北部の三分の一と、南部における大半の人々を代弁する連合組織であることを忘れていたようだ。

ファース　私が言いたいのは、ＩＮＣは弱体な組織で、あなたの言うような役割を果たす力はないということだ。

ゲルブ　私はアメリカ政府の情報当局からＩＮＣは非常に弱く、分裂した組織だと聞いている。リチャード、あなたは、彼らの分析が間違っていると考えるのか、それとも情報コミュニティーに他の見解があるのだろうか。その他の情報源を持っているのか。

パール　情報当局の見解はひどく間違っている。もちろん、アメリカの支援なきＩＮＣ、つまり、われわれがサダム・フセインを打倒するという具体的な計画を持たない状態でのＩＮＣは弱体であることを運命づけられている。問題は、彼らを強固な存在へと成長させられるかどうかだ。この設問への答えは、今後次第ということになるが、私自身は、ＩＮＣはそうなる可能性を秘めていると思う。クリントン政権とは違って、ブッシュ政権はＩＮＣを支援すると思うからだ。

イラクの大量破壊兵器とテロ集団

ゲルブ　レオン、あなたはイラクの大量破壊兵器がどのような能力を持っているかについての専門家だ。おそらくイラクは化学兵器とミサイルを持っているし、生物兵器についても、核兵器についても簡単に獲得できる状態にあると思う。サダムが明らかにアメリカに敵意を抱き、そのような兵器を持っているとすれば、われわれに攻撃のタイミングを待っている余裕などあるのだろうか。

ファース　私はなにも手をこまぬいて待つことを提案しているわけではない。いずれとらざるを得ない行動についての合理的理由を持つ必要があると言っているだけだ。だが同時に、テロ・ネットワークが大量破壊兵器の入手をめぐって、バグダッドと何の接触もしていないとも考えられない。この観点からも、われわれはテロ・ネットワークに焦点を絞り続ける必要がある。国家とは違って、テロ・ネットワークのありかを突き止めるのはきわめて難しい。一方、われわれはイラクという国がどこにあるかを知っているし、テロ・ネットワーク同様に、アメリカへの攻撃を準備していることを察知した場合には、どうすればよいかをわきまえている。

　イラクの大量破壊兵器がどこにあり、どの程度を国連やわれわれの目のつかない場所に隠し、どの程度の比率で、兵器体系を再構築しようとしているかについて判断するのは難しい。これは私がクリントン政権にいた当時から感じていたことだ。おそらくサダムは、湾岸戦争が始まる前から隠しておいた兵器、査察官の目をかいくぐった兵器を現在必死で寄せ集めていると思う。しかし、私は、サダムだけでなく、世界貿易センタービルを崩壊させたテロ・ネットワークへの警戒を怠ってはならないと思う。

私が懸念するのは、戦略的に好都合だからという理由でサダム追放策に焦点を合わせれば、すでに開始している対テロ作戦の実施に不可欠な国際的支援を失いかねないことだ。テロ・ネットワークは、サダム・フセイン同様に、アメリカで生物兵器を使用する能力を持っているのだから。

サダムに抑止は通用するか

ゲルブ　リチャード、サダム・フセインが、アメリカが追い落としにかかってきたと感じるようになれば、つまり、サダム追放というフレーズがブッシュ政権の政策レトリックに明確に登場するようになり、アメリカ市民がこれを支持した場合、サダムが直情的にアメリカを攻撃しようとする本能を牽制するものがあるとすれば、それは何だろうか。

パール　サダム・フセインは直ちにわれわれに攻撃を仕掛けてくると私は思う。あなたの質問は、実際には、「アメリカが何も行動をとらないままでいればサダムの攻撃を抑止できるが、サダム追放策が差し迫っているという議論が起きれば、彼はアメリカの機先を制しようと迅速な行動に出る」と言っているようにも聞こえる。だが、われわれが行動を起こさなければ、彼が先に行動を起こすことになる。

われわれがタリバーンを倒した後、サダムを放置し、サダムの代わりに、イエメンやスーダンのような小ぶりのテロ支援国家を作戦対象にすれば、実質的にわれわれは世界に対して、アメリカの対テロ戦争の対象は小国に限られ、イラクのような大きな国はテロリストと関係を持とうが、大量破壊兵器を持とうが、手の出しようがないと言っているも同然だ。

私の考えでは、テロリストに聖域を提供する国がなくなって初めて、われわれはテロ・ネットワークを打倒できる。われわれは開放的な社会で暮らしており、個々のテロ集団に対処するだけでは、アメリカの安全を守ることはできない。われわれはテロリストを支援する根っこを断たなければならない。イラクは現在もテロ勢力を支援しているし、今後もそうし続けるだろう。

ファース　国際テロ・ネットワークにおいて、イラクがそれほど中核的役割を果たしているとは思わない。ブッシュ政権は、ヘンリー・キッシンジャーの持論どおりに、地政学的な脅威を排除することに腐心しているようにみえるし、そのこと自体は間違っていないと思う。しかし、地政学的な脅威であるサダム・フセインのイラクを排除するにしても、それによってテロ・ネットワークが崩壊するとは限らない。テロ・ネットワークは現に存在し、サダムがいようがいまいが、アメリカに甚大な被害を与える力を持っている。

パール　だがレオン、あなたの言い方だと、対テロ作戦とサダム・フセインの打倒が相互に排他的、つまり、こちらを立てればあちらが立たず、と言っているように聞こえるが。

ゲルブ　私が質問を引き取ろう。レオン、あなたは、イラクの脅威よりも、国際的なテロ・ネットワークの脅威のほうがより深刻だと考えているのですね。

ファース　九月十一日のことを思い出せば、私の答えはわかると思う。

パール　レオン、でも「歩きながらガムを噛む」こともできるじゃないか。二つの脅威に同時に対処できるはずだ。実際、二つの脅威が関連しているのに、一つだけに対処できて、もう一つには対処できないと考えるのは奇妙だ。サダムとテロ・ネットワークの関連は希薄だと言ったが、イラクとテロとの関連を示す証拠はかなり出そろっている。すでに公開されている情報を少し披露しよう。

イラクの情報筋と同時多発テロの実行犯の一人であるモハメド・アタがプラハで接触していた。アタの写真が公開された後、この接触を監視していたチェコの情報当局者は、イラク側と接触していたのがアタであることを証言している。このほかにもイラクとテロリストのつながりを示す事例は数多くあり、バグダッドにいるテロリストがアルカイダと連絡を取っているという情報もある。

ファース　そうした接触があっても何ら不思議はない。このポイントをめぐってわれわれが公開されている以上の情報を基に話をするのは危険だから、詳細には立ち入らずに、私の意見を繰り返すことにする。サダム・フセインを政権から追放するための基盤はまだ十分には固まっていないし、その作業は慎重に進める必要がある。
一方で、国際テロ・ネットワークはすでにわれわれに深刻なダメージを与えており、さらなる攻撃をアメリカに仕掛けられる態勢にある。われわれはこれに対処しなければならない。ここで選択に直面する。拙速にサダム追放作戦を実施すれば、世界の国々のわれわれへの協調路線、つまり、現下での主要な脅威である国際テロ・ネットワークへの対処策をめぐる協調を損なう危険が出てくる。

サダム後のイラク

ゲルブ　次に質問を受けます。

質問者　サダム・フセインが権力の座から追放されるとして、誰が、あるいはどの派閥が権力を掌握するのだろう。また、この地域の政治力学からして、サダム・フセインがいなくなっても、イラク周辺の国が新たな問題として浮上してくる危険はないのか。

ゲルブ　つまり、われわれがいま現在、アフガニスタンで直面している状況の二の舞いになりはしないかということですね。イランは現在、アフガニスタン西部での影響力を確立させようとしており、全く新しい問題を作りだしている。誰がサダムの後継を担い、それに対するわれわれの影響力はどのようなものになるのか。

パール　サダム後のイラクへのアメリカの影響力は、われわれがサダムを追放するための後見人としてどれだけの役割を果たせるかに左右される。サダム追放プロセスが完了した段階で登場するであろう新政府への影響力を持てるように、反サダム勢力にかかわっていくことはわれわれの利益である。ＩＮＣを支持すべきだと私が考えるのは、この組織が大量破壊兵器の保有を拒絶し、中東和平プロセスを支持し、われわれに近い価値観を明確に表明しているからだ。しかし、状況を放置し続ければ、われわれが関与した場合と比べて、サダム後に適切な政府を形作れる見込みは大きく低下する。

ファース　サダム政権が倒れた後に、イラクが極度の混乱に陥る可能性もある。リチャードが指摘したとおり、反サダム勢力に関与しておけば、サダム後の政府への影響力も高まる。だが、私は、サダム後のイラクにおけるアメリカの目的を明確にしておくのがより賢明なやり方だと思う。ポスト・サダムのイラク政権がどのようなものであるのを期待するか、われわれは明確な見解を持っている必要がある。

われわれは、サダムを政権から追放するために、クルド人勢力と必然的に協調するようになるだろう。しかし、クルド人勢力は一枚岩ではなく、しばしば対立する二つの派閥に分かれており、この亀裂を利用しようと、これまでもテヘランやバグダッドが介入してきた。

最低限言えるのは、アメリカがクルド人勢力を支援するからといって、それが彼らの望むクルド独立国家への追認を意味しないことを明確にしておくべきだ。これは、トルコその他、国内にクルド人を抱える諸国にとっての大問題となる。したがってわれわれは、イラク国内の大規模な民族集団の権利を保障するような自由主義的で、緩やかな連邦政府の誕生を期待するという立場をとるべきだろう。ＩＮＣがこの条件を満たせるような、成熟したリーダーシップを持つ組織へと進化していけるかどうかは、今後を見守るしかない。

問題は、彼らが成長し、進化できるように、言い換えるなら、行動や政策への責任を自覚できるようになるための一連の機会を彼らに与えることができるかどうか、そして、彼らがその課題をこなし、機が熟した時に政権を担える資質を身につけているかどうかだろう。

単独行動主義は間違っている？

質問者　お二人とも、タイミングはともかく、サダムを政権の座から追放すべきだという点では一致するところがあるようだ。われわれは多国籍軍という体裁をとりながらも、九〇～九一年の湾岸戦争を軍事的には、事実上、単独で戦ってきた。なぜ、今回もそうできないのか。

パール　もちろん、われわれは単独でもサダム追放作戦を実行できる。アフガニスタンでの戦闘にしても、イギリスの支援を別にすれば、われわれはひとりで戦ったようなものだ。北部同盟といっても、われわれが作戦を開始するまでは、彼らに効果的な戦闘を展開する力はなかった。

したがって、そうせざるを得ないのであれば、われわれがサダム追放作戦をめぐって単独行動をとるのもやむを得ないと私は考えている。最終的にアメリカが大半の重荷を引き受けなければならなくなるのは目に見えている。実際、対テロ戦争をめぐる連帯といっても、アフガニスタンでの戦闘に各国がそれほど貢献したわけではない。対テロ戦争の九〇％の重荷を引き受けているのはアメリカだ。

ファース　リチャード、言いたいことはわかる。だが、他の国々がアメリカと共有する目的について貢献できることを受け入れ、それをうまく織り込んで協調努力をするというやり方もある。これに代わる代替策は、最初から他国の協調など大した貢献にならないと決め込んで、意見を求めることもせずに、単独で行動を起こすというやり方でしかない。

この描写は、あなたの言い方を少し誇張しているかもしれないが、そのような単独行動主義をとった場合には、世界各国は、「勝手にすればいい。われわれはもうついていけない」と言うかもしれない。とすれば、ここで問題が生じる。リチャード、あなたはアメリカに敵対的であるか、あるいは無関心な諸国で構成される世界を相手に、アメリカがその軍事力の優位だけを通じて、長期的に大きな影響力を維持できるとでも考えているのだろうか。

パール　ちょっと待ってほしい。われわれに対して「勝手にすればいい」と世界の他の諸国が言いだすというのは、どういうことだろう。（われわれが単独で行動したとして）ドイツがアメリカとの情報共有をやめるだろうか、テロリストの逮捕作戦にフィリピン政府が消極的になるだろうか。

ファース　対テロ作戦にかかわり、われわれと協調している諸国の指導者のなかには、かなりの政治的リスクを背負い込んでいる人々がいるのを忘れないでほしい。相手国の協調についてわれわれが大した価値を認めず、われわれが単独でも行動できるといった印象を他国に与えれば、アメリカとの協調をめぐってそれほど努力する必要はないという認識を他の国々に植え付けてしまう。そうなれば、表向きは協調していても、指導者が官僚組織に命じる対米協調要請のシグナルは弱まり、協調関係はしだいに消滅していくことになる。

国連による査察の再開の是非

質問者　ブッシュ大統領は、国連の査察を再度イラクで実施できるようにすべきだと提案しているが、お二方の意見を聞かせてほしい。

ファース　査察団の活動をイラクで再開することを求めるブッシュ大統領の姿勢は正しいと思う。この提案を実現へ向かわせる過程において、アメリカ以外の国も、イラクで査察活動を実施しなければ、サダムが自分の思うことを自分のペースで実現してしまうことの危険を認識するようになる。また査察再開プロセスを通じて、アメリカは戦術を利かす余地を手にする。例えば、疑惑の持たれている施設へのアクセスを拒否した場合には、直ちに爆撃することを事前に条件として明確にしておけばよい。たしかに、非常に厳格な条件をつけた査察の再開にサダムが応じるかどうかはわからないが、査察再開に対する拒否そのものも、われわれがとるべき行動を世界に理解してもらうための材料になる。
パール　私には、査察が再開されても、われわれの安全保障が高まるとは思えない。仮に査察を行っても、すべてのデータはすでに破壊されているわけで、何も発見できないはずだ。これは藁の山の中から針を探し出すような作業で、藁を管理しているのが当のサダム・フセイン本人であることを考えるべきだ。いずれにせよ、イラクに査察官を送り込んでも、われわれの安全保障の強化には役立つはずもなく、査察の再開を求めること自体、大きな間違いだ。

サダムを抑止できるか

質問者　重要なポイントは、サダムが合理的な判断ができるかどうかだと思う。「自分がアメリカを敵対視し続ければ、アメリカは自分の政権を転覆させようと介入してくる」。それを回避するにはどうすればよいか、合理的な思考の持ち主なら理解できる。サダムはこうした合理的考えをどの程度理解しているのだろうか。その結果生じる抑止によって、われわれはどの程度守られると考えるべきだろうか。
パール　サダム・フセインは、どこの誰だかわからないテロリストに、アメリカに大きな被害を与えるような攻撃をするようにけしかけ、彼らの行動を支援できる。イラクに操られたどこの誰かわからない勢力の行動を抑止するのはほぼ不可能だ。

炭疽菌がここニューヨークの高層ビルの屋上から散布されたらどうなるか考えてみるがい い。その背後でサダム・フセインが糸を引いているとしよう。だが、テロの実行犯が自殺すれば、その背後関係は闇に葬られる。われわれはイラクに反撃できるだろうか。反撃できるとして、どのような方法があるだろう。だからこそ、われわれが先に手を打って、サダムを政権から追い落とす必要がある。

ファース　われわれが「イラクに対して強硬な姿勢をとり、軍事行動をとる。軍事作戦にはトルコやサウジアラビアなどの諸国からの支援が不可欠だ」と明言すれば、サダムは「われわれはアメリカからの攻撃を覚悟しなければならない。だが、われわれは生物兵器や化学兵器を弾頭とするミサイルを湾岸諸国、サウジアラビア、イスラエルに撃ち込む力を持っている。攻撃されれば、自分はこうした諸国の市民の多くを可能な限り殺戮する」と言うかもしれない。そうなったら、逆のベクトルで抑止が作用しだす。われわれはどうするのか。

連帯のリーダー、それとも現代版ローマ帝国

質問者　前回の湾岸戦争では、アメリカ政府は、多国籍軍の連帯を維持しようと、イラクからの攻撃に対してイスラエルが反撃するのを自粛するように強く働きかけた。われわれが対イラク作戦を開始し、それと同時にイラク、あるいはその他の勢力がイスラエルに攻撃を仕掛けるとしよう。その場合、対イラク作戦においてイスラエルはどのような役割を果たすことになるだろうか、そうした役割は今回形成されるであろう連帯に亀裂を生じさせるだろうか。

パール　湾岸戦争の時と比べ、状況は全く違うし、われわれの対応も全く異なるものになるだろう。九一年の場合、われわれはクウェートを解放するにはほぼ五十万の兵力が必要だと考え、千六百の短距離爆撃機を湾岸に集結させた。だからこそ、こうした兵力や兵器を受け入れる「土地」が必要だった。この意味において連帯は不可欠だった。問題は、九一年とは全く違う状況にあるいまも、人々が当時と同じ感覚で「連帯」という言葉をとらえていることだ。

湾岸地域に大規模なアメリカ軍を集結させるように提案している者は現時点では誰もいないし、イラクの周辺国での空軍基地を確保すべきだという者もいない。連帯関係に亀裂が生じるという懸念は、こうした現実から見れば杞憂にすぎない。したがって、イラクとの戦いによって危険にさらされるイスラエルには自己防衛のために一〇〇%の権利が認められるべきだし、この点でのイスラエルの行動を規制すべきではない。

ファース　もちろん、イラクが大量破壊兵器をイスラエルに対して使用すれば、イスラエルの行動をわれわれがいちいち枠にはめようと試みるのは間違っている。報復、自己防衛の権利は世界各国に認められている。だが考えるべきは、アメリカは複数の国家からなる連帯のリーダーなのか、それとも、周辺部で問題があれば、それに対処するために一つか二つの軍団を派遣する現代のローマ帝国なのかということだ。

同様にこれは、「われわれは他国とともにある」という自己認識をしているのか、それとも、現在のわれわれのやり方は独善的で、自己完結ばかり気にかけているのかという問題でもある。この点での自己認識が、今後長期的にアメリカの政策を左右することになる。

同盟関係と共有利益

ゲルブ　では質問はこの辺にして、最後にお二人から。

パール　レオンと私は、サダム・フセインを政権から追放しなければならないという点では一致している。問題はそのタイミングだ。彼の言い分を聞いていると、タイミングについては大きな意見の開きがあるように思える。現実には、タイミングをめぐる言い合いをしている間にも、日を追うごとに危険は大きくなる。

われわれの同盟諸国について。レオンがサダム追放作戦の時期について慎重な姿勢を崩さないのは、それが対テロ作戦をめぐる同盟諸国との連帯に与える影響を心配しているからのようだ。だが、考えてみてほしい。われわれが対テロ戦争をめぐって各国に依頼している措置は、実際には彼らにとってもそうすることが利益であることが多い。私は、同盟諸国は、彼らの利益と合致する範囲内でわれわれの要請を受け入れていると見ている。したがって、われわれがサダムに対する行動を起こしたとしても、同盟諸国は、自己利益の観点から対テロ作戦を継続するだろう。

現在、サダム追放作戦をめぐっては躊躇や戸惑いが見られるし、そして、それに伴うリスクに対する懸念も持たれている。だが、アメリカの世論は明確に、サダムに対して毅然たる態度で臨むことを求めている。とはいえ、世論というものは移ろいやすく、これから二、三年後に、サダムに対する作戦をこれほど支持しているとは限らない。したがって、タイミングこそが大切なのだ。準備に必要な時間は取るべきだが、手遅れになるほどに先送りすべきではない。

ファース　リチャードの議論は巧みだが、私の見解がいささか矮小化された気がする。たしかに、現在、最も大きな脅威を突きつけている一連のテロ・ネットワークに対抗しつつ、適切なタイミングでサダムに対する作戦を実行できるように準備しておく必要がある。だが、準備万端整えてからという点を忘れてはならない。数週間、数カ月という時間で、すべてが準備万端になるとは思えない。サダムに対する作戦を実施するには、より多くの準備、根回しが必要であり、リチャードが言うほど道のりは平坦ではない。われわれはサダムに対する作戦の実施に向けて慎重に戦力を整えて環境を準備する一方、すでにわれわれに手痛いダメージを与え、再度われわれを攻撃する余力を残しているテロの脅威を、迅速かつ決定的にたたかなければならない。

われわれは、この二つの脅威をうまく管理できると思う。しかし、タイミングを間違えてはいけない。現大統領の父親がやり残した仕事だから、あるいは、一刻も早く脅威のリストから消してしまいたいという理由でサダム追放作戦を実施すれば、われわれの目の前にある国際テロとの戦い、つまり、他の諸国との連帯を必要とする戦いに勝利するという目的が損なわれることになる。

ゲルブ　アメリカにおける外交コミュニティーの質の高さを実証する議論でした。お二方、どうもありがとう。

イラク侵攻というアメリカのジレンマ
Next Stop Baghdad?

ケニース・M・ポラック
米外交問題評議会・国家安全保障問題担当シニア・フェロー

袋小路からの脱出

アメリカはイラクにどのように対処すべきか。アフガニスタンでの戦闘が一段落すると、このテーマがアメリカ外交政策の重要課題として急浮上してきた。タカ派は、イラクに侵攻し、サダム・フセインを打倒することを、対テロ戦争の「第二幕」にすべきだと主張している。イラクによる非通常兵器の開発はアメリカの国益にとって重大な脅威であり、アフガニスタンでうまくいった作戦をイラクでも実施すべきだというのが彼らの言い分だ。一方、ハト派はそのような軍事計画は遂行面で多くの困難を伴うし、そもそも同時多発テロとサダムとを結びつける証拠がない、と反論する。むしろアメリカは、国連の核査察を復活し、封じ込め政策の強化を政策目標とすべきだとハト派は主張している。

タカ派とハト派の主張には正しい部分もあれば、間違っている部分もある。最低限いえるのは、ワシントンが好機を逃し、ほかの諸国が対イラク政策をめぐってシニシズムに陥ったままで時が流れた結果、いまではイラクに対する優れたオプションが何も残されていないということだ。

「イラクの脅威はすでに切実なものとなっており、対テロ戦争との関連からも見過ごせない」というタカ派の主張は間違っているが、「イラクが核武装すれば非常に厄介な問題となるので、アメリカはそれを回避するために大胆な行動に出る必要がある」という言い分は正しい。他方、「『不朽の自由』作戦をイラクで再現するには多くの困難を伴う」というハト派の主張は正しいが、「イラクの大量破壊兵器（WMD）開発プログラムへの対策としては査察と抑止で十分だ」という主張は間違っている。

正しい結論はこうだ。オサマ・ビンラディン率いるアルカイダ・ネットワークが突きつけた、より切実な脅威に対する作戦がすでに終盤にさしかかっている以上、ブッシュ政権はいまやバグダッドに関心を向ける必要がある。現時点でブッシュ政権がなすべきは、対イラク政策をめぐる手詰まり状況から抜け出す戦略を見いだすことで、これはすなわち、イラクに侵攻してサダム・フセイン政権を打倒し、国際的公約を順守し、隣国との平和共存をめざすイラクの指導者が表舞台へ登場できる環境をつくることを意味する。

対イラク封じ込め政策の崩壊

イラク侵攻という大胆な行動シナリオを、九月十一日のテロ事件とそれ以降の危機との関連でとらえるのは間違っている。一九九一年以降のアメリカの対イラク政策がうまく機能していないという事実こそ、このシナリオを考える基盤とすべきである。（レーガン政権の後継を担った）ブッシュ政権は、湾岸戦争で敗北を喫したサダム・フセインが、イラクの権力の座から追放されることを漫然と期待するのみで、それをいかに実現するかについての明確な戦略を持っていなかった。サダムの牙を抜いて孤立させ、彼が政権ポストを追われるのを待つ。これがブッシュ政権の姿勢だった。クリントン政権だけでなく、現在のブッシュ政権も、優れた対案がないために、この路線を踏襲している。

この十年間、イラク封じ込めの目標は、侵略という野望に取りつかれたサダムが大量破壊兵器を獲得したり、再軍備を試みたりするのを阻止することにあった。アメリカと同盟諸国は、イラクの侵略を抑止したり、撃退したりしなくてもすむように、サダムが周辺諸国に脅威を与える手段を持てないようにしたかったのだ。国連のお墨つきを得たアメリカと同盟諸国は、イラクに経済・軍事・外交的制裁を科すことで、サダムが戦略的に重要な中東地域を不安定化させないようにするとともに、一方では、人道物資購入のための原油輸出を制裁措置から外し、イラク市民が生活物資を入手できるように配慮した。よく批判の対象にされたが、魅力的な選択肢が数少ない状況下では、こうしたイラク封じ込めこそ思慮分別に満ちたアプローチだった。事実、イラク封じ込めは、予想以上の長期にわたってその目的を全うした。

だが、この二、三年の間に、イラク封じ込め政策にもかなりほころびが目立つようになった。サダムのWMD開発プログラムに対する査察が中止に追い込まれてから、すでにかなりの時間が経過している。サダムにルールを守らせようと争うことに疲れ果て、国連の制裁を尊重しない国の数も増える一方だ。

「経済制裁によって、九一年以降、百万人以上のイラク人が犠牲になった」というバグダッドのばかげたプロパガンダが世界中でまかりとおり、こうしたなか、十二カ国以上がイラクに商業航空機を乗り入れ、イラクでの航空機の発着を禁ずる措置を事実上破っている。制裁措置を無視しているこうした諸国は、そのような飛行禁止規則などそもそも存在しなかったと主張しているが、これは二、三年前まではよく順守されていたれっきとした禁止事項である。イラクの原油も、ヨルダン、シリア、トルコ、湾岸諸国経由で九八年当時の二倍以上の価格で取引されている。こうした環境のなか、イラクは戦車や航空機のスペア部品、破壊された後方支援システム用の機器といった輸入禁止品目を入手しつつある。驚くべきは、中国がイラク防空施設での光ファイバー・ネットワークの建設に協力していたことだ。二〇〇一年一月にアメリカは空爆によってこのネットワークの拠点を破壊したが、中国が軍事転用が可能なテクノロジーを売却するほど対イラク制裁が形骸化しているのであれば、戦車、ミサイル、核分裂物質をイラクに売却する国が出てくるのも時間の問題だろう。

たしかに反サダム連合を立て直し、封じ込めを強化するようにほかの諸国に働きかけるという路線は間違っていない。だが、状況を簡単に是正できると考えるのはあまりに楽観的すぎる。イラクへの包括的な制裁が効果を上げるには多国間協力が必要だが、主要国の多くが制裁を順守しないために、制裁がうまくいっていないのが現実だからだ。

ブッシュ政権は「効果的な制裁」の実現に向けて国際的な仕切り直しを試みたが、うまくいかず、状況はほぼ収拾がつかなくなっている。ブッシュ政権はイラクからの禁輸措置の大部分を緩和する代わりに、イラクに流入する物資への管理を強化するという制裁改革案を提案した。この案はイラク市民を助けつつ、サダムの軍隊をチェックできる、ほぼ完璧な提案だった。もしこの案が国際社会で受け入れられていれば、バグダッドが懸念したとおり、何らかの軍事・金融上の国際的管理策が継続されることになっていたはずだ。だが、フランス、ロシア、中国、その他の国はまさしくそうした管理策の継続を嫌って、改革案に反対した。

実際には、制裁改革案を実施したところで、封じ込めの崩壊を少しだけ先送りできた程度だったかもしれない（この点を理解するには、次のような事例を考えるとよい）。現在国連（あるいは、アメリカ）は、合法的にイラクに出入りする物資を選別するために、イラクが対外的に結んだ契約を監視下におき、この監視システムの下で、イラクが結んだあらゆる契約を精密な検査対象としている。だが、この厄介で非常に時間を要するプロセスにもかかわらず、それでもイラクの大量密輸を防げない状態にある。

ブッシュ政権の提案は、そのような監視業務の重荷を国連からイラクの隣国に移し、密輸ルートになっているヨルダン、シリア、トルコ、イラン、湾岸協力会議加盟国（GCC――バーレーン、クウェート、オマーン、カタール、サウジアラビア、アラブ首長国連邦）の協力を取り付けることによって非合法通商を止めようとする青写真を描いていた。

だが、これらすべての国が密輸から利益を得ており、制裁の実施に反対する勢力を国内に抱えている。加えて、GCC諸国とイランを除けば、こうした諸国は、いまやイラクの経済圧力に対して非常に弱い立場にあり、政府が公にどのような発言をしようとも、石油、資金、禁制品の密輸をやめることに国を挙げて真剣に取り組むはずはない。

現時点で、厳格で持続可能な封じ込め体制を再構築するには、全く新しい取り決めが必要になる。つまり、経済制裁全般を解除し、国連による契約監視体制を実質的に打ち切る一方で、軍事的禁輸措置と金融管理策を現状のまま維持し、違反者に対しては厳罰を下し、規則を順守させるためのアメリカの武力行使についても事前に承認を取り付ける、という方策だ。だが、どの国がイラクに対して最大限の譲歩ができるかを競い合っているような今日の国連安保理でそのような取り決めが採択されるはずもない。理論的にはアメリカが単独で改革案を強行実施することも可能だが、そのようなことをすれば国際社会の反発を買い、サダムが何らかの影響を受けるはるか前にアメリカ外交のほうが座礁してしまう。つまり、イラク封じ込めを改良して実効力を持つようにするのは事実上不可能なのだ。

サダムに抑止は機能しない

対イラク封じ込めが機能しなくなっているのなら、アメリカは対イラク抑止に特化すべきだという主張、つまり、冷戦期にアメリカがソビエトに適用した抑止戦略を、現在のイラクに対して実施せよという声も耳にする。これは、湾岸戦争以降に適用された制裁の順守についてはとやかく言わず、アメリカの介入という抑止力を盾に、サダムに侵略行為を思いとどまらせるという戦略である。そのようなアプローチは、アメリカを別とすれば、国際的に広く受け入れられるだろう。だが、長期にわたってうまくサダムを抑止できるかどうかは全くわからないし、この方法はかなり大きなリスクを伴う。

サダムは合理的な思考の持ち主ではないので、抑止は全く通用しない、というつもりはない。イラクの暴君は、費用対効果を基に、どのようにすればもっとも効果的に目的を達成できるかを論理的に考え、抑止のロジックを理解している。野心的な行動をこれまで一部で手控えてきたのはこのためだ。サダムが湾岸戦争中にイスラエルにWMDを使用しなかったのは、イスラエルが核兵器で報復してくることを恐れたからであり、サウジアラビアと多国籍軍に対してWMDを使用しなかったのも、アメリカの報復を恐れてのことだ。この見方に異議を唱える専門家はほとんどいない。

だが一方で、サダムが非合理的な行動をとることもあり、彼の行動を抑止するのが難しいのも事実だ。サダムはギャンブラーであり、リスクを恐れず、都合のよいように状況を判断し、自分の望む行動が合理的であると信じ込むところがある。彼以外の人間から見れば全く奇妙な前提に基づいてサダムは状況判断を行い、外部の世界についてはほとんど何の理解もない。彼は独善的な政策決定者であり、他人の助言に耳を傾けることもない。イラク以外のことに関する情報源は限られており、情報組織もサダムが聞きたいと思うような情報しか上げてこない。実際、一九八〇年のイラン侵攻、九〇年のクウェート侵攻、九〇〜九一年の湾岸戦争、九四年のクウェート再侵略の試みなどは、抑止を無視した彼の非合理性でしか説明がつかない。

イラクがリヤドやテルアビブ、あるいはサウジアラビアの油田を攻撃できる能力を整備したとしよう。それでも「侵略すればアメリカの報復が待ちかまえている」とサダムが考え、攻撃を思いとどまると断言できるだろうか。核武装したイラクは再度クウェートに侵攻し、この小国を支配下におくかもしれない。その場合アメリカは、核戦争のリスクを冒してまで、彼を再び追い返そうとするだろうか。

ここで冷戦期の抑止に関する、アメリカのジレンマを紹介しよう。「アメリカとの核の均衡(パリティー)をソビエトが実現すれば、クレムリン側は、たとえ危機が生じても、アメリカは核戦争へとエスカレートしていくのを恐れて対抗措置をとらないと考え、通常戦力を用いて、思うままに行動しだすかもしれない」。これが冷戦期のアメリカの戦略立案家たちを悩ませたジレンマだった。概念的にはこの理論も成立したかもしれないが、これはワシントンの杞憂にすぎなかった。ソビエトの指導者たちは基本的に慎重な政策決定を旨としていたからだ。

しかし、ソビエトの指導者とは対照的に、サダムは攻撃的で、リスクをいとわない。サダムが核兵器を入手するのを放置し、これまでの経緯にもかかわらず、彼の行動を今後も抑止できると安易に期待するのはあまりに危険だ。アメリカはそのようなリスクを冒すべきではない。

イラクの反政府勢力に力はない

封じ込め政策が崩壊しつつあり、抑止政策が大きなリスクを伴うとなれば、イラクの政治体制を何らかの形で変えるという選択肢が、この難問を解く唯一の解決法として浮上してくる。イラクの政権交代を実現する、つまり、アメリカが空爆を実施し、イラクの反政府勢力にサダム政権を打倒させるというシナリオの支持者たちは、この考えを、九月十一日後の対テロ戦争という文脈のなかに位置づけ、かなり大きな流れを作りだしてみせた。こうしたタカ派の立場は、三十六人の著名人がブッシュ大統領に宛てた九月二十日の「公開書簡」で簡潔に示されている。

テロリズムとその支援勢力を根絶する戦略がどのようなものになるとしても、それには、イラクのサダム・フセインを権力の座から引きずり降ろす断固たる方策が含まれていなければなりません。サダム追放策を実施しない限り、国際テロリズムとの戦争において白旗を揚げることになります。したがって、アメリカはイラクの反政府勢力に十分な軍事的・財政的支援を与えるべきです。イラクの反政府勢力が作戦を展開できる「聖域」をイラク領内に形成するために、アメリカは軍事力を用いるべきです。

アフガニスタンでの軍事作戦が成功すると、タカ派はこうした作戦こそサダムに対する戦略モデルであると積極的に売り込んだ。

たしかにタカ派は二つの重要な点を正確に指摘している。第一に、状況を傍観し、サダムが核武装すれば、大変な惨事になること。第二に、現時点においては、サダムに兵器プログラムを再構築させないようにするよりも、彼を打倒することのほうが手っ取り早く簡単なことだ。

だが、残念ながら、どのようにしてイラクの政治体制を変化させるかという点でのタカ派の意見は間違っている。彼らの言うように、アフガニスタンでの作戦と同じように、（空爆、特殊部隊の投入、現地の反政府勢力支援といった）限定的な軍事力を用いてサダム政権の転覆を狙うのはたしかにコストもかからないが、大失敗するリスクも抱え込むことになる。アフガニスタンでの作戦はイラクでは絶対に通用しないとまでは言わないが、成功する可能性は低い。

最近の戦争を見ても、米軍による空爆が敵対勢力に大きなダメージを与えることは実証されており、イラクに対しても空爆で数多くの目的を達成することはできる。共和国防衛隊、共和国防衛隊特殊旅団、バース党、大統領警護隊、治安部隊といったサダムの重要な支持組織に的を絞って徹底的に空爆を実施すれば、クーデターが起きる可能性もある。

実際、一九九八年十二月の「砂漠のキツネ」作戦では、このようなターゲットに集中的な空爆作戦が実施された。クーデターが起きることを非常に心配したサダムは、数人のシーア派要人の逮捕と暗殺を含む緊急治安措置を命じるという過剰反応を示し、その結果、イラク領内のシーア派コミュニティーが蜂起した。国連の制裁もしくはアメリカの緩やかな命令にサダムを従わせることが目的なら、「砂漠のキツネ」作戦のような制約なしの大規模な空爆だけでもかなりの成果を期待できる。

だが、政権を転覆させるという恫喝策によってサダムの行動を縛ることと、確実にサダム政権を転覆させることは全く別次元の話だ。実際、「砂漠のキツネ」作戦は、イラク国内でのクーデターを誘発しなかった。サダムの過剰反応によって、国内で一時反政府勢力が蜂起したが、簡単に鎮圧されてしまった。あらゆる点を考慮すると、アフガニスタンと同様の作戦を用いても、アフガニスタンとイラクは全く異なる状況にあるので、サダム政権を転覆できる見込みはほとんどない。

アフガニスタンでは、反政府勢力とタリバーンの軍事バランスが拮抗していた。だからこそ、アメリカの限定的軍事介入によってそのバランスを反政府勢力側に有利なように傾かせることができた。たしかに、北部同盟の兵士たちは七年にわたって、より大規模で軍備も優れていたタリバーンを相手に戦闘を展開していたが、結局、彼らを打倒できなかった。しかし、タリバーンが段階的にアフガニスタンの大半を支配下に組み込んでいくことに成功したといっても、北部同盟は簡単に屈せず、タリバーンの支配地域拡大には常に大きな犠牲が伴った。

対照的に、イラクにおけるサダムの軍隊と反政府勢力間の力の差は歴然としている。イラク領内の反政府勢力のなかでは最強の二つのクルド人武装勢力が九一年と九六年に蜂起した時も、サダムの共和国防衛隊はこれを簡単に制圧してみせた。アメリカがクルド人に武器、軍事訓練、資金を提供し、大規模な空爆で支えてやれば、クルド人勢力も、イラクの攻撃から自分たちの地域を守れるかもしれない。それでも、彼らがその防衛能力をサダム政権の転覆に必要な攻撃能力へと変化させるのは難しいだろう。

アメリカの支援があれば、主にイラク国民会議（ＩＮＣ）のようなイラク国外の反政府勢力が、アフガニスタンの北部同盟のような役割を果たせるという意見もある。だが、ＩＮＣ

にはいくつかの大きな足かせや欠点がある。イラク周辺諸国は、ＩＮＣではうまくサダムを転覆させることはできないと考えているので、彼らに聖域を提供することに乗り気でない。また、ＩＮＣには有能な現地司令官がいないし、イラク領内に確固たる支持基盤もない。実際ＩＮＣは、九二〜九六年までアメリカの支援を取り付け、イラク北部から作戦を実施できる状態にあったにもかかわらず、一度に二百〜三百程度の兵士を集めるのがやっとで、軍事作戦面では多くをクルド人勢力に頼っていた。そうした弱さゆえに、イラク軍からの寝返り組もほとんど出なかった。

イラクの反政府勢力は、アフガニスタンの北部同盟よりもかなり弱体だし、サダム政権のほうが、タリバーンよりもはるかに大きな力を持っている。タリバーンの兵力は四万五千人程度だったが、イラク軍は四十万人の規模を持ち、その四分の一はエリートの共和国防衛隊と共和国防衛隊特殊旅団だ。さらに、六十万を超える予備兵が控えている。イラク軍の装備はタリバーンよりもずっと近代的だし、訓練も行き届いており、団結力も強い。現在のイラク軍には絶大な力こそないが、反政府勢力よりも優れた力を持っていることは幾度となく実証されている。

また、サダムの管理体制は、アフガニスタンにおけるタリバーンの支配力の比ではない。サダムは権力の座についてからの数十年間に、それこそ無数のクーデター、蜂起、大がかりな反乱を鎮圧してきた。一般のイラク人が反政府運動への参加を躊躇しているのはこのためだ。

サダムが湾岸戦争で大きな痛手を被った後、イラク南部で反政府運動が広がったのは事実だが、その運動の特徴は、非常に規模が小さかったことだ。サダムが湾岸戦争で大敗を喫した直後だったにもかかわらず、南部で反政府の蜂起に参加したのはわずか五万〜六万人だった。大きな嫌悪感を抱いていたにもかかわらず、イラク市民の大半はサダムを恐れるあまり、反政府運動に参加して報復されるよりも、しばらく様子を見たほうがいいと慎重な態度をとったのだ。

アフガニスタン型の作戦では通用しない

アフガニスタンでの勝利を手にできたのは、アメリカの空爆がタリバーン兵に大打撃を与えたからであり、その結果、北部同盟はいくつかの孤立したタリバーンの要塞を攻略するだけでタリバーン政権を打倒できた。一方、イラクでアフガニスタン型の作戦を成功させるには、米空軍が少なくともアフガニスタンの時と同様の成果を上げる必要があるが、現実にそうなるとはあまり期待できない。

「砂漠の嵐」作戦において、多国籍軍はイラクに対しておそらく史上最大規模の空爆を行ったうえで、これまた、二十世紀戦史のなかでも最も決意に満ちた地上戦を展開した。その結果、九一年三月初旬までには、イラク軍は見る影もないほどに弱体化していた。だが、それでもイラク軍は、史上最大規模の反政府蜂起を鎮圧し、サダムの権力を維持する程度の余力は十分に残していた。逆にいえば、イラクでアフガニスタン型の作戦をとるべきだと進言する者は、九一年の時よりもかなり規模の小さい米軍の介入によって、前回よりも大きな成果が得られるという現実離れした前提でものを言っていることになる。

米軍とイラク軍の力量の格差は十年前よりもかなり大きくなっているので、当時と比較するのは賢明でないという意見もある。たしかにイラク軍にかつてのような力はなく、一方で米軍の能力は、九一年以降、精密誘導兵器が精度面でも数量面でも充実し、指揮・統制、通信、情報能力がさらに高まった結果、飛躍的に向上している。だが、空爆だけで敵の地上軍を壊滅させるという側面では、九一年以後における米軍の全般的能力の向上をもってしても、さしたる進歩は見られない。

米軍は、より小さな戦力で特定のターゲットを破壊するという側面では大きな進化を遂げたが、空爆だけで地上軍を壊滅させられるかどうかはわからない。作戦の成功は、空爆の精度ではなく、攻撃対象になっている地上軍の気力と規律に左右されるからだ。アフガニスタンの戦闘でも、この点は証明された。士気の低いタリバーン軍はアメリカの空爆によってもろくも崩壊したが、決意と規律を持ったアルカイダの部隊は崩壊せず、戦闘が山場を越えた後も、クンドゥーズ、カンダハル、トラボラで激しく抵抗した。

湾岸戦争でも同じことが起きた。イラクのあまり訓練されていない歩兵師団は大規模な空爆によってあっさりと崩壊したが、士気が高く規律面でも優れていた共和国防衛隊や重装部隊は持ちこたえた。多国籍軍が相当規模の空爆を加えたにもかかわらず、イラクの精鋭部隊を崩壊させることはできなかった。アフガニスタンの場合、カンダハルが陥落するまで、タリバーンに対して実施された空爆はわずか六千五百回。これに対して、イラクに対する「砂漠の嵐」作戦では、空軍は実に十一万回の出撃を行っている。多国籍軍はイラク軍の中枢である共和国防衛隊の各師団に対して千回以上の空爆を行い、タリバーンの攻撃に用いた二倍の精密誘導兵器を投入し、空爆によっておそらく千五百台の装甲戦闘車を破壊している（それでもサダム政権は崩壊しなかった）。

別の言い方をすれば、アメリカは湾岸戦争において、タリバーンに対する作戦よりもはるかに集中的な空爆を実施し、イラク軍により大きなダメージを与えた。だがそのような大がかりな空爆に続く地上戦でも、主要なイラク軍師団は決して崩壊することなく、頑強に戦った。したがって、今日の時点でも、サダムの軍隊は継続的な空爆を乗り切り、かなり打ちのめされた後でも、国内の反政府勢力との戦いに勝利を収めるくらいの余力を持つと予想される。

加えて、イラクでアフガニスタン型の穏当な作戦をとれば、アメリカがサダムに反撃される危険がかなり大きくなる。サダムが「ワシントンが自分を政権から追い落とすことに本気である」と確信すれば、あらゆる兵器を用いて反撃してくるだろう。国連の査察団とアメリカの情報機関は、サダムは生物兵器や化学兵器を弾頭に装塡した二十から三十基のスカッドミサイルを隠し持っていると見ている。アメリカは、湾岸戦争期に多数の航空機と特殊戦闘チームを用いてスカッドミサイルの発射台を探索したが、イラクの西部や南部ではそれを発見できなかった（米軍の探索能力は当時と比べ大きく向上しているが、米軍当局は、同様のチームをいま編成しても発射台を間違いなく見つけられるとは考えていない）。

一方で、アフガニスタン型の空爆をイラクで開始すれば、サダムは（クーデターの機先を制するため）ただちにクルド人を粉砕しようと試みるだろう。地上軍を投入せずにクルド人勢力を守るのは至難の業となる。これまでアメリカは大規模な空爆による報復という恫喝策によってイラクの行動を抑止してきたが、現実に空爆が実施されれば、抑止力は失われる。サダムは、おそらく北部のクルド人地域を殺戮と弾圧という手法で再度占領するだろう。

アメリカの軍事作戦をやめさせようと、サダムはイラクの石油生産の停止という強攻策に訴えるかもしれない。イラクの石油がなくても、アメリカは戦略備蓄によって七カ月は持ちこたえられるが、イラクをターゲットにしたアフガニスタン型作戦の期間がどの程度長引くかはわからない。当然、サダムが降伏する前に、備蓄が消滅する危険もある。さらに、サダムは、九一年にクウェートの油田を破壊したように、最終手段としてイラクの油田を破壊するという自暴自棄の策に出るかもしれない。空爆作戦開始とともにアメリカの地上軍がイラクの油田を占領しない限り、この危険を抑え込むことはできない。

最後に、周辺地域諸国の支援を取り付けない限り、イラクにアフガニスタン型作戦を実施するのはきわめて困難であることを指摘する。アメリカに空爆のための基地使用権と領空航空権を認め、イラク国内の反政府勢力に逃走ルートと聖域を提供し、イラクが石油生産を停止しても、それを埋め合わせる分の増産に応じる国の支援が必要になる。アフガニスタンでの戦闘を遂行するのにさえ、パキスタン、ウズベキスタン、キルギスタン、タジキスタン、ロシア、インドなどの支援が必要だった。イラクはアフガニスタンよりも強大な相手であり、最低でもアフガニスタンを攻撃した時と同じ程度の周辺国家の協力が必要になる。

だが、残念にも、イラクの周辺諸国はアメリカへのそのような協調を明確に拒否している。周辺地域のアメリカの同盟国は、目的がはっきりせず成功する見込みも低いアメリカの軍事作戦を支援するつもりはないと繰り返しワシントンに告げている。ＧＣＣ諸国のある高官は次のように述べている。「あらゆる軍事力を使うつもりなら、われわれもアメリカを支援しよう。だが、とりあえず空爆をやってみようという程度では支援できない」

イラク侵攻のすすめ

サダム・フセインが突きつける問題を放っておくわけにはいかない。だが、イラクへの対処策を、対テロ戦争やアフガニスタンでの対テロ作戦の文脈に位置づけてみたところで、明快な戦略は浮かび上がってこない。イラクの特異な状況を考えれば、アフガニスタン型の作戦でサダム政権を転覆させようとするのはリスクが大きく、賢明な策ではない。ひょっとしたらうまくいくかもしれない程度の読みでリスクを冒すべきではない。一方で、大規模な地上軍を投入すれば（つまり、アフガニスタン型の作戦ではなく湾岸戦争型の作戦を実施すれば）、それほど膨大な追加コストを支払うことなく、成功をほぼ間違いないものにできる。

地上軍を投入しなかった場合でも、アメリカはサダム・フセイン後のイラクにおける政治的・軍事的再建に必然的に責任を持つことになる。一方で、イラクの政治体制の変革に無関心を決め込めば、サダム後のイラクへのアメリカの影響力は大きく制約され、サダムの失墜を逆に自分たちの台頭に利用しようとする策略家が出てくるかもしれない。もちろん、地上軍を用いたイラク侵攻には人的コスト、外交・経済上のコストが大いに絡んでくるので、これは最後の手段とみなすべきである。しかし、ほかのあらゆる選択肢が大きな問題を伴う以上、最後の手段である対イラク軍事侵攻を真剣に考えざるを得ないだろう。

イラク侵攻の戦略的必然性は明らかである。侵攻して政権を転覆させれば、サダムが軍事力を再建したり、核兵器を獲得したりする危険がなく、世界的な石油の安定供給も維持できる。湾岸諸国もアメリカも、米軍のプレゼンスを湾岸戦争前の状況に戻す方法を模索しているが、この作戦が終了すれば、イラク監視のために（サウジアラビアなどに）展開している米軍を中東地域から引き揚げて別の地域へ移すか、あるいは、少なくとも湾岸戦争前のような目立たない程度の米軍のプレゼンスへと縮小する道も開けてくる。さらに、ポスト・フセイン時代のイラクの再建を助け、新生イラクを中東政治に復帰させれば、アメリカとイスラム世界の関係から主要な障害を取り除くこともできる。

イラク侵攻の軍事的側面に限っていえば、痛みは伴うにせよ、米軍の能力で十分に対処できる。九一年の段階でもイラク軍は米軍の敵ではなかったが、十年を経た現在、両軍の能力格差はさらに広がっている。いまであれば、アメリカはおそらく重装備の二個師団と機甲連隊からなる一つの編成軍でイラク軍を制圧できるだろう。だが、安全策をとったり、ほかの任務も遂行したりするのであれば、その二倍の戦力を投入する必要がある。サダムの支持勢力がイラクの都市部で抵抗した場合には、歩兵連隊の投入も必要になろう。戦闘開始直後にイラクの油田を確保し、イスラエルとサウジアラビアにミサイルを発射できないように基地を押さえるには、（地上部隊をヘリコプターで運ぶ）空中機動部隊も必要になる。さらに、戦闘が終了した後に占領任務を遂行する民生部隊も準備しておくべきだ。

すべて合わせると、二十万人から三十万人の兵力が必要になる。その内訳は、侵攻に四個師団から六個師団とその支援ユニットが必要となり、空爆のために七百機から千機の戦闘機、そして一つから五つの空母戦闘群が必要になる（空母戦闘群の数は使用できる周辺基地の数に左右される）。ペルシャ湾岸にそうした規模の兵力を集結するには三カ月から五カ月が必要だが、戦闘期間は当初の空爆を含めて一カ月程度で終了する。

この作戦での米兵士の犠牲は、アフガニスタンでの戦争や湾岸戦争の時よりも大きくなるかもしれないが、大惨事になる可能性は小さい。たしかに、イラク軍が都市部で頑強に抵抗したり、サダムが非通常兵器を使ったりすれば、米兵士の犠牲は大きくなる。だが、上記のような規模の米軍がイラクの国境地帯に集結すれば、それだけでイラクでクーデターが起き、大きな戦闘をしなくてもサダムが失脚する可能性もある。

実際、イラク侵攻の軍事側面にはそれほど大きな問題はなく、むしろ大きな課題に直面するのは外交領域においてだろう。そうした課題は戦闘の期間と見通しによって左右される。アフガニスタンでの戦争同様に、戦闘期間が長くなり、見通しが不透明になれば、国の内外で戦争反対の声が上がる。他方、短期間のうちにはっきりとした勝利が得られれば、すべてが順調に運ぶ。

イラク侵攻のために間違いなく支援を取り付けるべき国はクウェートだが、サウジアラビアの支援も得られれば、さらに話は早くなる。サウジアラビアには適切な基地があるだけでなく、リヤドが支持を打ち出してくれれば、GCC諸国とヨルダンも間違いなくアメリカを支持すると考えられるからだ。現在、サウジアラビアとクウェートはアメリカがイラクを攻撃することに反対しているが、両国の指導者を熟知するワシントンの政府高官たちは、「短期間で戦闘を終結させるためにあらゆる軍事力を行使する用意がある」と説得すれば、両国は不承不承アメリカを支援すると見ている。

さらに、米軍がスエズ運河を航行し、エジプト領空を通過するにはカイロの許可が必要になるが、アメリカの経済的・軍事的援助がエジプトにとって非常に重要である以上、これは問題なくクリアできるだろう。トルコの支持確保も重要だ。アメリカが攻撃を開始すれば、バグダッドは（クーデターの機先を制しようと）イラク北部のクルド人地域を攻撃してくると予想される。隣接するトルコの基地を米軍が使用できれば、そうした攻撃からクルド人地域を守りやすくなる。そして、反サダム連合の流れが生じれば、ほかの周辺国も、ポスト・サダム時代のイラク政治への発言権を確保しようと、アメリカを支援するのが得策だと思うようになるだろう。

フランス、ロシア、中国はアメリカの戦略全般に強硬に反対し、外交面からアメリカの計画を葬り去ろうとするかもしれない。だが、ワシントンが決意に満ちた態度で臨めば、三大国といえどもアメリカの行動を止めることはできない。そして、ひとたび作戦が開始されれば、新生イラクにおける政治的・経済的影響力を確保しようと、アメリカと共同歩調をとるようになると考えられる。

新生イラク再建の道筋

ワシントンが最大の難関に直面するのは、イラク侵攻そのものではなく、戦争終了後のイラクにおいてだろう。イラクを制圧し、サダム政権を追放した後に本当の正念場が待ち受けている。二十年以上に及んだ戦争、全体主義の暴政、貧困に苦しめられてきた二千二百万の人々が暮らす国をアメリカが「引き継ぐ」ことになるからだ。将来のイラク政府の構成と形態を決める必要が出てくる。これはアメリカにとって機会であるとともに重荷でもある。

新たな状況に困惑するであろう国内勢力や利害を有する諸外国にとって、「連邦制」がもっとも受け入れやすい国家形態だと思われる。イラクの政治体制は、理想的には多国間の総意として決めるほうがよい。アフガニスタンの場合と同様に、アメリカはイラクの政治体制をどうするかを国連もしくはアラブ連盟に委ねるべきで、そうすれば、この問題の帰結に対するアメリカの責任を分有・分散できる。あるいは、アメリカがサウジアラビア、クウェート、ヨルダン、トルコのようなイラクの将来の政治体制からもっとも直接的な影響を受ける諸国を取り込み、アメリカへの外交的支持を取り付けるために、イラクの政治形態を決める作業に関与させるというやり方もある。もちろん、サダム政権崩壊後のイラクが八〇年代のレバノンや九〇年代のアフガニスタンのように混沌とした状況に陥って、周辺地域に悪影響を及ぼしたり、新たなテロリストの温床になったりしないようにするのは、アメリカが引き受けるべき責任である。

サダム後のイラクが分裂しないようにすることが重要であり、そのためにも、サダムが政権をとって以降、イラク経済が被ってきた数多くのダメージからの復旧作業を助ける必要がある。この目的遂行のためであれば、ＧＣＣ諸国、そしておそらくはペルシャ湾の石油に依存しているヨーロッパと東アジアの同盟国から多額の資金援助も引き出せるだろう。イラクの石油輸出がスムーズに流れるようになれば、自力再生の幅も広がっていく。だが、イラク経済の再建に必要なコストは五百億〜千五百億ドルと試算されており、しかもこの額には今後において想定される大規模な戦争による被害の復興費用は含まれていない。したがって、アメリカはイラク再建のために今後十年にわたって年間数十億ドル単位の出費を覚悟しなければならない。

問題は侵攻のタイミングだ

イラク侵攻がもっとも無難な選択であるのは、アメリカがとり得るほかの選択肢に問題が多く、現状を放置することのリスクが、これまでのサダムの侵略と暴力の歴史から見ても、非常に大きく、しかも、かかわってくる利害が途方もなく大きいからだ。この点を強く認識しなければならない。ただし、侵攻のタイミングをどうするかは全く別次元の問題である。少なくとも、イラク侵攻を対テロ戦争の一環とみなして早急な対応を求めるタカ派の立場は間違っている。実際、アメリカが現在対処すべきジレンマとは、拙速なイラク侵攻は対テロ戦争の成果を台なしにするかもしれないが、イラク侵攻を先延ばしにすればするほど作戦の遂行が困難になり、サダムが強大化するリスクが高まってしまうことだ。

サダム政権の転覆は対テロ戦争の必要条件ではない。イラクがテロリズムを支援しているというだけでは、イラク侵攻に伴うであろう膨大なコストは正当化できない。たしかにイラクはテロ支援国家だが、ことテロに限っていえば、イラクよりも、イラン、シリア、パキスタン、スーダン、レバノン、北朝鮮、リビアなどのほうがはるかに大きな脅威である。アメリカのイラクにまつわる唯一の懸念がテロ支援だとすれば、イラクに大きな関心を寄せる必要はない。実際、サダム・フセインが犯した人道性に対する数々の重大罪から見れば、イラクのテロ支援は大した問題ではない。

イラク侵攻が膨大なコストを伴うとしても、それでもなお侵攻が必要なのは、状況を放置すれば、サダムは必ずや核兵器を獲得し、核武装したサダムが周辺地域やもっと広い地域を大混乱に陥れる危険があるからだ。

ただし、サダムが、数週間、数カ月以内に核兵器を入手することはない。イラク封じ込め政策は崩れかかっているが、完全に崩壊したわけではなく、アメリカがその気になって補完措置をとれば、政策の寿命を少しは長くできる。

より大枠で認識すべきは、イラクは形成途上の脅威であり、一方、ビンラディンとそのテロ・ネットワークはいまそこにある脅威だということだ。アルカイダはアメリカ国内で数千人の命を奪う意思と能力を持っていることを実証し、アフガニスタンでの作戦が終了したいま、(その勢力は弱まったものの)アメリカに対するイデオロギー的敵対心に加えて、報復心に燃えている。したがって、アフガニスタンその他でのアルカイダ・ネットワークを粉砕することこそ、ブッシュ政権の国家安全保障上の最重要課題である。そしてこの任務は、軍事的・外交的支援に加えて、情報収集、警察活動、金融面での協調など、アメリカの同盟諸国の積極的な協力がなければ全うできない。

これまでのところ、同盟諸国の支援のおかげで、対テロ作戦をめぐるブッシュ政権の努力は実を結んでいる。協調体制を維持できれば、アメリカとパートナー諸国は、六カ月から二年以内に、残存するアルカイダの通信、人材調達、資金、テロ計画のネットワークを粉砕できるだろう。そうなるまでは、イラクへの大々的な侵攻に必然的に伴うであろうアメリカと同盟国との関係悪化というリスクを冒し、すでに手にしている対テロ戦争の成果を台なしにすべきではない。イラクと大規模な戦闘をすれば、同盟国との亀裂が生じるのは避けられない。もっとも、イラク侵攻に必要な軍事・政治・外交・経済上の根回しをするには、かなりの時間と労力が必要になる（それまでに対テロ作戦の最終めどがついている可能性もある）。

だが一方で、早い段階でイラクを攻撃すべきだという主張にも一理ある。攻撃の時期を失した場合には、早すぎた場合同様に、問題が生じる。イラク攻撃のタイミングを誤れば、アフガニスタンでの勝利から得られた流れをよどませてしまうかもしれないからだ。現時点では、九月十一日の同時多発テロの衝撃はまだ鮮明で、アメリカ政府と市民は対テロ作戦のためなら、犠牲を惜しまない覚悟ができているし、世界各国もアメリカの怒りを理解し、テロ組織に同情を寄せることには慎重な態度をとっている。だが、イラクへの侵攻がバグダッドのテロ支援とは全く関係がないとしても、侵攻のタイミングを先送りすればするほど、内外の支持確保は難しくなる。

時間が経過するとともに、アルカイダのテロ・ネットワーク粉砕作戦が、イラク封じ込めに伴う問題をますます複雑にしてしまうだろう。というのも、同盟諸国の一部は、イラク封じ込めを緩和したいと望んでおり、対テロ作戦での対米協調を盾に、アメリカのイラクに対する大胆な戦略を阻止しようとするかもしれないからだ。つまり、アメリカにとっては、イラク問題に対処するにはまだ時間的余裕が少しあるが、この問題を永遠に先送りすることはできない、ということだ。

特定の政策を長期的に維持できない場合でも、政策変更をできるだけ先送りしたほうがよい場合もある。だが、現在のイラク封じ込めはそうではない。この二年間に、イラク封じ込めは大きく形骸化した。ブッシュ政権は当初制裁手法を変えようと試みた。しかし、仮にそれが実現していても一時的な効果しか持ち得なかっただろうし、現実には、他の諸国は制裁の見直し案を受け入れなかった。今後、イラクに対するより真剣な措置をとらなければ、アメリカと世界は、いずれ「サダム率いる核武装したイラク」という現実に直面する。その段階になれば、誰もがその大きな危険を理解するだろうが、脅威に対処するのは非常に困難になっている。アルカイダ・ネットワークの粉砕が現下の最重要課題だが、かといって、アフガニスタンの時のような中途半端なアプローチでサダムに対処するのは間違っている。しかし、このジレンマを、イラク問題に対する不作為の言い訳にし続けてはならない。われわれが身動きがとれずにいる間にも、サダムは着実に核保有に向けて歩を進めているのだから。

サダム追放策と中東社会の民主化

The Iraq Debate in Congress

〔スピーカー〕
トム・ラントス
米下院議員

〔司会〕
ダグラス・E・ショーエン
ペン・ショーエン・バーランド・アソシエーツ

以下は二〇〇二年九月二十四日にニューヨークの米外交問題評議会で開かれたミーティング・プログラムの議事録からの抜粋・要約。全文（英文）は www.cfr.org からアクセスできる。

サダム後のイラクについて十分な検討をしていないことについては、ブッシュ政権は批判されてしかるべきだ。サダム政権の打倒を、アラブ世界の民主化の序章としなければ意味がない。そうしない限り、われわれは歴史的な機会を失ってしまう。

アラブ世界がアメリカのサダム・フセイン追放策に一致団結して反対しているというのは、おとぎ話にすぎない。イラクの近隣諸国政府は、国内の反発を恐れて公にはアメリカのイラク政策に反対しているが、プライベートな場では、アメリカのイラク政策を強く支持している。

サダム後のイラクをどうするのか

ダグラス・E・ショーエン　イラク問題に関しては、侵攻のタイミングをどうするかをはじめ、さまざまな議論がなされています。今日は、下院国際問題委員会の民主党指導者であるトム・ラントス議員（民主党、カリフォルニア州選出）をお迎えし、十分に議論を尽くしてもらいます。まず、イラク問題について全般的なコメントをお願いします。

トム・ラントス　今回の危機を考えるには、一九八一年にさかのぼる必要がある。この年、イスラエル軍はイラクのオシラクにある原子炉を攻撃して、サダム・フセインの核開発能力を破壊した。当時、米議会でこのイスラエルの行動をたたえたのが私一人だっただけに、このケースはよく覚えている。もしイスラエルが空爆による原子炉の破壊という行動に出ていなければ、われわれは九〇年から九一年にかけての湾岸戦争で、核武装したイラクと対峙していたはずだ。その場合、われわれが戦争という行動に出たかどうかはわからない。だがもし、湾岸戦争を戦っていなければ、サダム・フセインはイラク、クウェート、サウジアラビア、アラブ首長国連邦の石油資源を手に入れていただろうし、その場合には、石油の供給・管理体制はまったく現在とは違うものになっていたはずだ。

九一年一月の時点で、ブッシュ政権の対イラク軍事作戦（砂漠の盾、砂漠の嵐作戦）を支持した民主党議員は私も含めてわずか三人だった。さらに私は、軍事作戦が終結に向かいつつあった時点で、サダムを政権の座から追放する作戦を実行しない（つまり、イラクには侵攻しない）ことを決定したブッシュ大統領を批判した民主党の数少ない議員の一人でもあった。

このように、イラクへの軍事的対抗策をとることへの私の支持は揺るぎないものだ。たしかに、同僚議員のなかには、イラク侵攻策に否定的なものもいる。だが、私にいわせれば、彼らの言い分は間違っている。そこにいるのは、数千億ドルと試算されるコストを民衆に強制しながら、それでも核を開発しようとしている悪漢なのだ。イラクは化学兵器、生物兵器の開発プログラムを実施しているし、核兵器やミサイルの開発計画も継続している。毒ガス兵器についても、サダム・フセインが現実にそれを使用する意図を持っていることは、すでに八〇年代のイラン・イラク戦争で実証されている。

イラクとの戦争をめぐっては、賛否両論入り乱れているが、どこか抽象論のように考えられている部分があるのではないか。だが、悪質な意図を持つ人物がいまそこにいることを忘れてはならない。今回のイラク危機は、この数カ月、あるいは数年間に起きたものではない。現在の危機は、この二十年にわたる問題の集積である。

たしかに、この問題のプレーヤーが誰で、その目的が何で、現実がどのような状態にあるかを把握するのは難しいかもしれないし、私も現在のブッシュ政権のやり方を全面的に支持しているわけではない。第一に、現政権がとっている単独行動主義の対イラク政策は過大な重荷を伴う。アメリカが単独行動主義をとらざるを得ないのは、一つには、世界の多くの地域でわれわれにとって非友好的な環境しか存在しないからだが、こうした状況は回避できたはずだし、回避すべきだった。

また、サダム後のイラクをどうするかについて十分な検討をしていないことについても、現政権は批判されてしかるべきだろう。サダム政権の打倒を、アラブ世界の民主化の序章としなければ意味がない。理想論を語っているのではない。そうしない限り、われわれは歴史的な機会を失ってしまうことになる。この数十年来、われわれは、人権が擁護され、政治的多元主義が成立し、市場経済が機能するような民主的空間を拡大することに努力してきたことを思い起こすべきだ。

だが、歴代の民主党、共和党政権は、アラブ世界には開放的で民主的なシステムはなじまない、よって、手をつけられないと考えてきた。私にいわせれば、これは馬鹿げた考えだ。われわれが接触を保っているのがアラブ世界のなかでも最も洗練され、文明化された人々であることを忘れてはいけない。

サダム・フセイン政権が近い将来に倒れれば、こうした人々が表舞台に登場し、アラブ世界全体を変貌させる歴史的な機会をわれわれは手にすることになる。もちろん、それが一夜にして実現されるわけではなく、数十年という時間を必要とするだろう。

考えてみてほしい。一九三九年、あるいは四五年の時点で、日本とドイツが、人権を尊重する民主的な市場経済型の社会に変貌することに成功すると考えた人が一体何人いただろうか。今後数年間は、世界、そしてアラブ世界にとって非常に興味深い歴史的な節目となると考えられる。

長期的には状況を楽観してもよいと私は感じている。だからといって、今後数カ月、あるいは一年にわたってわれわれが直面すると思われる困難な選択肢、つまり、この地域の腐敗した政府をいかに正していくかという問題から目をそらすのは大きな間違いだろう。例えばサウジアラビアだ。人口の半分の人々の権利が否定されている社会など二十一世紀にはなじまないし、それに見て見ぬふりを決め込むとすれば、われわれも同罪である。

イラク侵攻策をめぐる議会の立場

ショーエン　近未来についてのコメントをいただきたい。イラク問題に関してわれわれは国連の立場にどの程度配慮すべきか。それとも単独で行動すべきなのか。議会はどう考えているのだろうか。

ラントス　まず、イラク侵攻のタイミングについて話をしよう。私は議会指導者の一人として、対イラク作戦実施のタイミングを公表すべきだと政府に訴えてきた。コンドリーザ・ライス国家安全保障担当大統領補佐官、ジョージ・テネット中央情報局（ＣＩＡ）長官を含む政府高官に公式、非公式にタイミングを明らかにするように働きかけてきた。だが、うまくいかなかった。

サダム・フセインが大きな脅威であることには私にも異論はないが、政府とは違って、十一月に議会の決議がずれ込んでもさほどの影響はないと私はみていた。「対イラク作戦に関する議会での論争は超党派のものでなければならない」と私は政府に進言した。民主的政治システムにおいて、議会での超党派姿勢が最も成立しにくいのが選挙の直後だが、私は、十一月五日の中間選挙後の最初の月曜日である十一月十一日から「イラク問題だけを扱う」特別会期を設けるように提案することで、これを打開できると考えた。そうすれば、選挙に関係なく、各議員がイラク問題への見解を示し、問題の本質、とり得る選択肢のすべてを分析したうえで、議会としての結論を決議として出せると考えたからだ。だが、政府はこの提案も拒否した（訳注　ブッシュ米大統領は、対イラク武力行使を容認する議会決議の政府案を九月十九日に議会に提出し、「イラクの脅威」に対処するため武力行使を含むあらゆる措置を大統領がとることを容認する決議を早急に採択することを求めた。十月上旬に決議案は両院で賛成多数で採択された）。

議会で議論を尽くすのが本筋だった。サダム・フセインの脅威がいまそこにあるのは事実だが、三週間から六週間で情勢が激変するような状態ではなかった以上、十一月になって議会で議論を尽くしてからでも十分に対処できたはずだった。そうすれば、議論を非政治的で、党派色の薄い、本質的なものにできたはずだ。これを政府が拒否したのは非常に残念だ。

米議会は、対イラク作戦への国際コミュニティーの参加を求めつつ、一方で、イギリスなど、アメリカに賛同する自発的同盟諸国だけで行動する権利も確保したいと考えている。ここで、イラク問題をめぐる（水面下の）国際協調の現実がどのようなものかを示すエピソードを披露しよう。ごく最近のことだが、イラクの近隣に位置する諸国の大使たちが私の事務所を訪れ、私に語ったことは、彼らの本国政府が公的に表明している見解とはまったく正反対のものだった。要するに、「アラブ世界がアメリカのサダム・フセイン追放策に一致団結して反対している」というのは、おとぎ話にすぎない。イラクの近隣諸国は、公には国内の反発を恐れてアメリカのイラク政策に反対しているが、プライベートな会合では、アメリカのイラク政策を強く支持している。これが現実だ。

サダム追放しか道はない

ショーエン　ゴア元副大統領はこのタイミングでイラクとの戦争に単独で臨み、イラク侵攻策を行えば、対テロ戦争に悪影響が出るとブッシュ政権を批判しました。この発言の真意は何でしょうか。

ラントス　アル・ゴアは、彼が下院議員だったころからの友人だし、三週間前の日曜日にも、私はアル・ゴアを交えて数時間にわたってイラク問題その他について議論した。しかしはっきりさせておきたいのは、アル・ゴアと私の立場は同じではないことだ。

各人の政治的分析は経験に左右される。私の人生にとって非常に大きな出来事といえば、第二次世界大戦であり、ヒトラーに対する宥和政策がいかに甚大な被害を伴ったかという記憶に他ならない。この教訓をいまも多くの人々がきちんと受け止めていないように思う（訳注　宥和政策とは、一九三八年のミュンヘン会議などでイギリス、フランスがドイツに対してとった妥協策のこと。こうした妥協策の結果、ドイツの強大化と拡大主義に油を注ぐこととなった）。

宥和政策の教訓からみても、イラクの大量破壊兵器能力を解体するのは正しい政策だし、この点で私には心の迷いはない。たしかに、可能であれば、外交的に問題を解決するほうがはるかに好ましい。だが、すでにわれわれはこの問題をめぐって十一年にわたって外交的に手を尽くしてきた。イラクが履行していない国連決議はいまも数多くあり、これが現実なのだ。加えて、サダム・フセインが残忍きわまりない人物であることも間違いない。

当然、イラクから大量破壊兵器を完全に駆逐する必要がある。かつての国連査察に携わった当事者も、「バグダッドに友好的な政権が誕生しない限り、イラクの脅威を完全になくすことはできない」という主張を展開しているし、私も、そのような立場を支持している。どのような判断を下すかは個人の自由だが、私に限っていえば、核開発能力、ミサイル、そして生物兵器、化学兵器のすべてをイラクからはぎ取る必要があると確信している。

もちろん、国連決議や他の諸国の同意の下に、対イラク政策を進めるのが理想的だが、この点でいえば、私はドイツのシュレーダー首相の政治的反米発言にはうんざりしている。ドイツの法相が米大統領をヒトラーになぞらえたのも、選挙がらみの政治的文脈でのことだ。シュレーダー氏が米議会に再び温かく迎えられるようになるにはかなりの時間が必要だろう。下院国際問題委員会の民主党指導者としてははっきり言うが、彼は米議会にとっては、外交用語でいう「好ましからざる人物」だ。ドイツ側の発言はあまりに陳腐だ。

ショーエン　では質疑応答に移ります。

先制攻撃ドクトリンは正当化できるか

質問者　サダム・フセインが脅威であるという認識は私も同じだが、それよりも、アメリカが世界各地の脅威をしらみ潰しにしていくことをアメリカ政府のドクトリンとすることのほうがよほど大きな問題だと思うが。

ラントス アメリカの先制攻撃ドクトリンを議会がそのまま受け入れるとは考えにくい。この案件は今後数年をかけて議論されることになるだろう。ただし、われわれが全く新しい事態に直面していることも忘れてはならない。

これまでのわれわれの戦争のとらえ方は、十七世紀半ばのウェストファリア条約時代以降の伝統的戦争概念の延長線上にあった。そうした戦争の最後が、朝鮮民主主義人民共和国（北朝鮮）が朝鮮半島の南に攻め入ったことによって生じた朝鮮戦争だったかもしれない。私のように長く生きている者は、いかに過酷な戦いを経て、現在の三八度線が決められたかをよく覚えている。

だが、その後の世界は大きく変貌した。ニューヨークの人々にとっては言うまでもないことだが、一年前の九月十一日には同時テロ事件が起きた。だからこそ先制攻撃ドクトリンの必要性が指摘されている。この点は、私にいわせれば、当たり前のことだ。私は一九二八年生まれで、（ドイツがポーランドに侵攻した）三九年当時は十一歳だった。もしもう少し早く生まれていて、すでに権力を行使できる立場にあったなら、三九年以前にドイツの侵略の手段を奪い取るような先制攻撃を行っていただろう。ヒトラーの侵略を許した結果、第二次世界大戦で五千万の人々が犠牲になったことを忘れてはならない。したがって、先制攻撃ドクトリンを不適切とする見方には私はくみしない。ニューヨークを攻撃したようなテロリストに先制攻撃をかけるのは当然だ。オサマ・ビンラディン、アルカイダに先制攻撃を行うのに何の躊躇もすることはない。

もちろん、気に入らないからといって、すべての国々に先制攻撃をするようなドクトリンは論外だ。そんな権限を議会が大統領に認めることはあり得ない。議会が判断を下すのはイラクに対する大統領の権限だし、それは、憲法が定める「抑制と均衡」に十分配慮したものになるだろう。多くの軍事作戦は宣戦布告なしに行われてきたが、戦争を宣言し、戦費の調達を認めるのはわれわれ議会の役目である。大統領に全権を委任することはあり得ない。ただし、イラク問題に限っていえば、議会の大多数は政府の意向を支持している。

質問者　イラクとの戦争は、対テロ戦争にどのような影響を与えるだろうか。

ラントス　イラクとの戦争が始まれば、短期的に対テロ戦争への関心は薄らぐかもしれない。ただし、イラクとの戦争は対テロ戦争でもある。（パレスチナ・ゲリラの指導者として知られ、外国人相手の数々のテロに関与したとして国際指名手配されていた）われわれの時代におけるもっとも忌むべきテロリストであるアブ・ニダルがバグダッドで死亡した事件は広く報道されたが、彼が長年イラクで暮らしていたことを忘れてはならない。私が言いたいのは、「イラクはテロ支援国家ではない」という見方が馬鹿げているということだ。イラクへの攻撃、あるいは、サダム・フセイン追放策は対テロ戦争を間違いなく進展させるだろう。一年前にブッシュ大統領は、それがどこであれ、どれほどの期間を要しようと、テロ集団とテロ支援国家を叩くべきであり、大量破壊兵器の開発をもくろむ国はそうしたテロ支援国家に含まれると発言している。当然、イラクもこの対象に含まれる。イラクへの対抗策をとることこそ、われわれの政策や宣言に信頼性を与えることになる。

誰がイラクの国家再建コストを担うのか

質問者　イラクとの戦争コストはもちろん、戦後の再建コストについても真面目に検討されているのだろうか。九一年の湾岸戦争のときには、日本もヨーロッパも、われわれ同様に、自国の死活的利益がサダム・フセインの行動によって脅かされていると考えていた。だがどうやら今回は違うようだ。誰が戦争後の再建コストを担うのか。これは膨大なコスト負担になるはずだが。

ラントス　新聞でも報道されているとおり、戦後の再建コストについては、現在、大統領の経済顧問たちは一千億ドル程度の数字を想定している。民主党独自の試算では、再建コストは四百億から六百億ドル程度で収まるのではないかとされている。

いずれにせよ、それを誰が負担するか。第一に言えるのは、十兆ドル規模の経済を持つアメリカにとって、これは手の届かない、管理できない数字ではない。第二に、イラク自体が豊かな国家であることを忘れてはならない。われわれが行動を起こせば、イラクの国内勢力がわれわれのイラク解放政策に参加し、ある程度のコスト負担を引き受けるだろう。また、資金力豊かな同盟諸国が、イラクを民主国家に変貌させるための長期的再建プロセスに参加してくることも十分予想できる。もし質問の意図が、誰かと再建コストを共有することになるのかということなら、その答えはイエスだ。一方、質問の意図が、コストがかかりすぎるので、イラクの大量破壊兵器問題を放置するのかということなら、その答えはノーだ。

質問者　どうも対イラク作戦の全貌がよくわからないが、一方で、軍関係者のなかには、すでにバグダッド包囲作戦を口にするものさえいる。一体、われわれ市民にはいつになったら、対イラク戦争が何を意味するのか具体的に情報を与えられるのだろう。現在のような曖昧模糊とした状態がいつまで続くのか。

ラントス　特に曖昧模糊とした状態にあるとは思わないが、私個人は、内輪の情報を公開できる立場にはない。ただし、議会の国際問題委員会のメンバーとして非公開のブリーフィングを数多く受けてきた一人として言えるのは、今回も民間人を巻き添えにしないように周到な計画が練られているということだ。もし民間人を巻き添えにせずにイラクから大量破壊兵器を除去できるかと問われれば、その可能性は低いと言わざるを得ないが、想定されている作戦において、民間人が巻き添えにならないように最大限の配慮がなされていることは請け合ってもいい。

中東紛争とイラク侵攻策

質問者 イスラエル・パレスチナ紛争が、差し迫ったイラクとの戦争にどのような影響を与えるのかコメントをいただきたい。

ラントス イスラエル・パレスチナ紛争が、イラクに関する議論を政治的に複雑にしているのは否定のしようがない。現在われわれは、イスラエル側と各方面での調整を詰めている段階だ。湾岸戦争期のイスラエルとの調整とは、彼らがイラクとの戦争に関与してこないようにすること、つまり攻撃されても反撃しないように要請することだった。当時はアラブ世界全体が湾岸戦争を支持していたし、イスラエルが戦争の当事者となるのは状況を複雑にすると考えられたからだ。当時は、エジプトやシリアでさえ、少なくとも名目上は多国籍軍の一部だった。

だが今回の場合、われわれの軍事作戦に協力するアラブ諸国は出てこないかもしれない。もっとも、イラク国内のクルド人勢力はわれわれに協力するだろうし、イラク近隣の中東諸国が空軍基地使用や領空通過の許可を出す可能性はある。だが私は、イラクとの問題に関係なく、イスラエル・パレスチナ和平をめぐる外交プロセスを再開する必要があると考えている。たしかにこの二つの問題は関連しているが、必ずしも連動してとらえる必要はないと思う。

ショーエン 湾岸戦争のときは三十九発のスカッドミサイルがイスラエルに撃ち込まれたが、

それでもイスラエル側は反撃を自粛した。だが、「今度は違う、反撃する」とすでにイスラエル政府は表明している。そうなれば、現在のパレスチナとの紛争がアラブとの紛争に拡大して、われわれのイラクに対する作戦もますます複雑なものになっていくのではないか。

ラントス　ホロコーストの生存者の一人、そして、そうした生存者のなかで米議会の議員となった唯一の人間として、私はイスラエル国家の安全を確保することを強く支持している。湾岸戦争のとき、私と妻は、アメリカとイスラエル間の連帯を示そうと、あえてイスラエルを訪問して滞在することにし、実際、滞在中にスカッドが撃ち込まれてきた。イスラエルは、サダム・フセインによる大量破壊兵器の脅威の最前線に位置しているし、いかに周到な作戦を立案しても、大量破壊兵器がイラクからイスラエルに飛来するのを完全に阻止できるわけではない。われわれ同様に、イスラエル政府もこの点を十分に認識しており、こうした事態が現実となるのを回避すべく共同で防御措置を講じつつある。

だが、軍事行動がとられるとしても、ごく短期間で終わると私は確信している。この点は請け合ってもいい。一方で、軍事行動の代替策はといえば、サダム・フセインが大量破壊兵器を開発するのを放置することであり、この場合、われわれが軍事行動を起こした場合以上の悪影響と危険に直面することになる。人は優れた代替策に魅了されるものだが、この件に関する限り、すぐれた代替策、コストのかからない快適な代案など存在しない。

むしろ考えるべきは、テロリストが九月十一日に三千人のアメリカ人を殺せたのであれば、今後、三万人、あるいは三十万人のアメリカ人を殺戮しようと試みる危険もある、ということだ。これが新しい現実であり、このような危険な世界で生きていく術をわれわれは考えなければならない。

他の世界と二つの大洋によって隔てられ、カナダとメキシコという二つの友好国に挟まれていることを、われわれが世界をとらえる際の前提とできた時代はとうの昔に終わっている。いまや、国土安全保障局（のちに省に格上げ）が人々の日常生活を守る任務を担っている。もし五年前に、私が国土安全保障省の設置を唱えていたら、私は愚か者と呼ばれていたに違いない。国土の安全が保障されていないとは一体どういうことだと人々は尋ねたに違いない。だが、このビルから少し離れた場所に行けば、国土の安全が保障されていなかったことの象徴である空白のスペースが広がっている。多くのアメリカ人が、この新しい現実への心理面での調整を余儀なくされている。われわれの行動も、新たな現実に対応できるように変えなければならない。

質問者　対テロ戦争と対イラク作戦をつなぐ要が何であるか、もう少しコメントしてほしい。

ラントス　それはアラブ世界の民主化に他ならない。二十一世紀という時代にあって、例えば、サウジアラビアの社会が適合性を欠いていることに異論を唱える人はいないだろう。サウジアラビアが短期間のうちに劇的に変化し、中東秩序を不安定化させることなどわれわれは望んでいない。だが、いずれアラブ世界を席巻するに違いない変化の潮流からサウジアラビアだけが逃れることはあり得ず、社会の開放化、女性の権利の確立、教育の充実といったトレンドが王国を席巻していくことになろう。これによって、サウド家が常軌を逸した行動をとることもなくなっていくはずだ。

先日私は、八〇年代に中東担当国務次官補を務め、現在評議会のシニア・フェローであるリチャード・マーフィーと話をする機会を得たが、その際に私は、もしサウジアラビアのサウド家が九〇年代にアラビア半島への米軍の駐留を認めていなかったら、今ごろは、フランスのリビエラ辺りに追い出されていたかもしれないと彼に語った。私は、ごく短期間のうちにサウジアラビアが劇的な変化を遂げるのは好ましくないと思うが、サウジアラビアの古色蒼然たる社会構造が二十一世紀もずっと運用されていくことに見て見ぬふりを決め込むのは大いに問題だと思う。

サウジアラビアには、賢明で教育レベルが高く、真摯な人々が数多くおり、なかには、アメリカに住居を構えてアメリカの新聞に目を通し、完全にアメリカ的な生活を送っている人々もいる。彼らは、自国のシステムとアメリカのシステムの違いを十二分に理解している。彼らはこれまで、自国社会の都合の悪い部分が人目につかぬように隠してきた。こうしたやり方では、中東社会の開放化の第一歩とはなり得ないし、南アメリカ、日本、ヨーロッパのように世界という舞台で適切な立場を手にすることもできない。だが、（サダム後の中東を踏まえて）中東の袋小路状態を打開するためのかなり踏み込んだ施策が、議会やアメリカ政府内ではすでに議論されている。（サダム・フセインの追放策をつうじて）われわれは、おそらくこれまでになく重要で、長期的な時間を要するアラブ社会の開放化というプロセスに、いままさに着手しようとしている。

イラクと大量破壊兵器
Iraq and Weapons of Mass Destruction

リチャード・バトラー
前国連大量破壊兵器廃棄特別委員会(UNSCOM)委員長

以下は、二〇〇二年七月三十一日、米上院外交委員会におけるリチャード・バトラーのイラクと大量破壊兵器に関する議会証言の邦訳。

イラク問題のこれまでの流れ

イラク政府は、国内に大量破壊兵器(WMD)は存在しないと公言している。先週も、副首相と外相という二人のイラク高官がこの点を再度強調した。だが当のサダム・フセインは、イラクの武装解除など一度も口にしていない。それどころか、彼は敵対する勢力を破壊することをほのめかす恫喝策をとっている。これは、裏を返せば、彼が大きな力を秘めた兵器を所有していることを示唆している。

「イラクは大量破壊兵器を保有していない」というサダム・フセインの代理人たちの主張が偽りであることを認識しなければならない。イラクの近隣諸国、国連の安全保障理事会、国連事務総長など、この問題にかかわり、現在イラクとの交渉を続けている人々すべてに、イラク側はＷＭＤの保有について嘘をついている。

国連安保理がイラク政府に対して、保有するＷＭＤを「解体、除去し、無害化する」ための行動に協力するように要請してから、すでに十年の歳月が流れた。安保理はその対象とされる兵器を「すべての核兵器、化学兵器、生物兵器、それらを生産する手段、さらには、百六十キロの射程を超えるミサイル」と定義した。

安保理によるこうしたイラクへの要請は国際法の下での拘束力を持っている。またすべての国は、ＷＭＤをめぐってイラクを支援したり、協調したりしないように国際法によって拘束されている。

だがイラクは、当初からこの国際法に従わなかった。むしろ自国のＷＭＤ能力を温存しようと、国際法が適用されるのを公然と妨害してきた。

イラクのＷＭＤに関する安保理の決定を履行するために組織された国連大量破壊兵器廃棄特別委員会（ＵＮＳＣＯＭ）は、ある程度の成果を上げはしたが、最終的には、任務を完了できなかった。四年前、イラクはＵＮＳＣＯＭを（国内から締め出して）活動できないようにし、以来、イラクのＷＭＤについては、査察も監視も行われていない。

ここまでイラクのＷＭＤ問題に関する背景を簡単に振り返ったが、これによって二つの事実が浮かび上がってくると思う。それはイラクがいまも国際法を破り続けていること、そして、ＷＭＤ能力の維持を決意していることだ。

われわれは、イラクがＷＭＤをめぐって現在どのような状況にあるか、可能な限り知っておく必要がある。

核兵器

サダム・フセインはこの二十年にわたって核兵器の入手を模索し続けている。十年前、彼はその努力を強化し、「クラッシュ・プログラム」（核の短期開発計画）を立ち上げたが、この計画は湾岸戦争によって粉砕された。「核兵器に必要な核分裂物質（ウラン）の国内資源は比較的乏しいが、サダムの核開発計画はあと六カ月もあれば成功できるところまできていた」。これが、湾岸戦争後に実施された国際原子力機関（ＩＡＥＡ）とＵＮＳＣＯＭによる査察と分析の結論だった。

核爆発を起こすには核分裂物質（濃縮ウラン）、装置、知識（ノウハウ）の三つが必要だが、イラクは装置、知識の双方を持っている。実際、装置や部品の関連施設について、イラクは査察に応じなかった。核心的な問題は、イラクが、国内の核分裂物質の濃縮化に成功するか、あるいは、外部から濃縮ウランを入手しているかどうか、だ。

その答えはわからない。欧米やロシアの情報機関はその答えを知っているかもしれない。だが、査察が行われていない間に、サダムが核の開発計画を強化した証拠はある。二年前の話だが、IAEAは、もしイラクが核開発プロジェクトを再開すれば、サダム・フセインはほぼ二年間で核兵器を手にすることになるという予測を示している。

化学兵器

化学兵器に関しても、イラクは二十年来の開発の歴史を持っている。サダム・フセインは一九八〇年代半ばに化学兵器をイラン・イラク戦争で使用し、八八年にも、自分の支配体制に抵抗する勢力（国内のクルド人）に用いている。

UNSCOMは、整然と備蓄されていた化学兵器物質をイラクで発見し、このなかには非常に毒性の強いVXガスも含まれていた。イラクの化学兵器開発計画はかなり大がかりなものだった。UNSCOMは、かなりの規模の化学兵器物質を破壊するか、あるいは、使用できないようにしたが、すべてについて、そうできたわけではない。

UNSCOMが、イラクにVXガス開発計画が存在すること、またVXガスその他の化学兵器物質をイラクがミサイルの弾頭として装填していたことを突き止めた後に、イラクが何としてでもUNSCOMを国内から追い出そうとしたことの関連性に注目すべきだろう。

生物兵器

イラクは相当の規模の生物兵器開発計画にも従事し、兵器級物質の備蓄も行っていた。イラク側は生物兵器計画が発見されないように、かなりの隠蔽工作を行っていた。この事実からも、サダム・フセインが生物兵器をいかに重視していたかがわかる。

イラクはすでに生物兵器の開発に成功していた。例えば、イラクはミサイルの弾頭に炭疽菌を詰め込んでいただけでなく、空中噴霧装置や、無人飛行機など、他の噴霧方法の研究も行っていた。イラク側は自分たちの生物化学兵器開発計画は「初歩的で、うまくいっていないし、重要ではない」と主張したが、ＵＮＳＣＯＭはこの明らかに事実とは異なる言い分を全く受け入れなかった。生物兵器開発計画が存在し、すでにこの兵器が人体にどのような影響を与えるかの実験をすませていたことも、九八年にイラクがＵＮＳＣＯＭを国内から締め出すことを決意した要因と思われる。

ミサイル

（国連安保理決議に抵触する）イラクの弾道ミサイルは、ソビエトから輸入したスカッドミサイルだ。イラクはスカッドの技術を基に、国内で中距離、長距離ミサイルを開発しようと模索してきた。スカッドミサイルに関するＵＮＳＣＯＭの査察や検証はほぼ完了している。

イラクが保有していたスカッドミサイルの多くは、湾岸戦争の際に使用されたか、(あるいは多国籍軍の攻撃によって)破壊されていた。しかし、おそらくは二十基程度であろうが、解体されたミサイルの数は最終的に確認されていない。

さらに、UNSCOMがまだイラク国内にいた当時から、イラク側は百六十キロメートルという(安保理決議の)射程制限を無視し、より長距離のミサイル能力を開発しようと試みていた。もちろん私はこれを停止するように要請したが、イラク政府は要請を拒絶した。私がイラクに対してスカッドミサイルのエンジンを動かすのに必要な五百トンの燃料を放棄するように求めたことも、イラクがUNSCOMを九八年に国内から締め出そうと決意した要因だったと思う。もちろん、イラク側はこの要請を拒否した。

次の点を明確に認識しておく必要がある。

・イラクのWMDの数と質がどの程度のものか、われわれは把握できていないし、今後もそうであり続けると思われること(イラクの隠蔽工作によって実体は把握できないように仕組まれていた)。
・イラクがWMDを保有し、すでに使用したことがあり、いまも開発計画が進められていること。

・査察ができなくなったこの四年間にどの程度計画が進行しているかは正確にいえばわからない。これは、見ることを許されていないものについては、わからないという査察担当者としての見解である。
・サダム・フセインは、自分が何を実現しようとしているか、WMD部門におけるイラクの資産がどの程度かをよく理解している。彼は（イラクの主権を引き合いに出して）査察の再開を拒絶しているが、査察問題とイラクの主権とを関連づけてとらえるべきではない。そこには何の関係もない。彼が査察の再開を拒絶しているのは、何かが発見されるのを阻止して、WMD開発計画を守ろうとしているからだ。
・情報機関は、公表できる以外の情報を握っているかもしれない。だが、イラクからの亡命者、そして情報機関の公開されている情報から判断しても、イラクはこの四年間に自国のWMD能力の整備に熱心に取り組んでいる。
・サダムのWMD開発計画には、直ちに関心を向けるべき厄介な点が数多くある。特に、彼が、ソビエト時代の核の備蓄の一部を（旧ソビエト諸国から）買い取ることで核能力を手にしているかどうか、また、生物兵器部門で、天然痘、ペスト、エボラ出血熱の病原体を培養しようとしているかどうかに関心を向ける必要がある。
なぜサダム・フセインは、こうした悪魔のような兵器の開発に取りつかれ、イラク及びイラク市民に莫大なコストを強いてでもこれを実現しようとしているのだろうか。彼自身がわれわれに述べ、公共の場でも語っているのは、ＷＭＤが内外の敵対勢力に対する自分の立場を強めてくれるからであり、アラブ世界に敵対する勢力に対抗してアラブ世界を主導する手立てを与えてくれるからだ。

こうしたサダム・フセインの目的や世界観にも増して厄介なのが、彼の気性が激しく、しかも移ろいやすいことだ。二〇〇一年九月十一日以降、アメリカやその同盟諸国をターゲットとするＷＭＤの使用、あるいはＷＭＤ使用をほのめかした恫喝策をとれば、イラクが悲惨な結末に直面するであろうことは、サダム・フセインも間違いなく理解している。

イラクのＷＭＤ能力が、サダム・フセインおよび彼の政権にとって、もはや支えることのできない重荷と化しているのを認識することが、彼にとっても賢明なのだが、サダム・フセインがこれを認識している様子はない。これは、彼の病理的な問題だろう。

彼は保有しているＷＭＤをテロ集団に渡すだろうか。

それはわからない。われわれはイラクが中東全域からテロリストを募って訓練し、東南アジアのような遠くにまでテロ活動の範囲を広げていることを知っている。しかし、イラクが、非イラク系のテロリスト集団にＷＭＤを提供している証拠はない。その気質や野心からして、サダム・フセインが、自分の権力の基盤とみなしているものを他人と共有するとは私には思えない。

彼の代理人による主張とは裏腹に、サダムがＷＭＤを保有しているかという本質的な質問については、容疑者が罪を犯しているかどうかを判断するための基準、つまり、容疑者が動機と手段と機会を持っていたかどうか、に当てはめて考えればよい。サダム・フセインが、過去においてこれら三つの要素を兼ね備えていたのは自明だし、この点は今後においても変わりはない。

こうした事実からどのような結論を引き出せるだろうか。

イラクでの軍備管理措置（査察）を再開することが急務だが、それは本格的なものでなければならない。イラクが再び査察への協調を拒んだ場合に、その妥協策として、不十分な査察路線を模索するのは危険である。

一方、サダム・フセインに対する軍事行動をとるのなら、正しい理由から作戦を実施しなければならない。正当な理由は三つある。サダムが人権をひどく踏みにじっていること。国連安保理の拘束力ある決定（安保理決議）で規定されている国際法の順守を彼が拒否し続けていること。そして、彼が軍備管理の義務と条約を踏みにじっていることだ。

対イラク「封じ込めプラス」戦略で戦争回避を

Testimony by Morton H. Halperin on Iraq

モートン・H・ハルペリン
米外交問題評議会シニア・フェロー

以下は、二〇〇一年七月三十一日、米上院外交委員会におけるモートン・H・ハルペリンの証言の抜粋。

イラクの脅威の本質と現状から見て、現実的な選択肢は二つしかないと私は思う。一つは「封じ込めプラス」戦略、もう一つはイラクに対する軍事行動だ。ここではまず「封じ込めプラス」戦略がどのようなものか、そしてその利点と欠点について述べ、次に軍事行動という選択肢について述べたい。

サダム・フセインが危険な人物であること、そして彼が率いる残忍な政権、つまり、筆舌に尽くしがたい恐怖政治と市民の経済的繁栄をまったく無視した冷酷な管理体制を敷いているサダム・フセイン政権が、イスラエルを含む近隣諸国やアメリカにとって脅威であること。これが最初に認識すべき基本前提だろう。もっとも深刻な脅威は、彼が大量破壊兵器を自国民や近隣諸国に対して使うかもしれないこと、そして彼がその兵器を、世界のどこでテロを起こすかわからないテロリストに与えるかもしれないことだ。したがって、イラクに対する選択肢を考える場合には、そのような大量破壊兵器による攻撃のリスクをどの程度抑えられるか、それに必要なコストは何かということを指針にしなければならない。

「封じ込めプラス」戦略

ここに提案する「封じ込めプラス」戦略は、アメリカの強い要請によって国連安全保障理事会で今年新たに採択されたイラクに対する新制裁レジームを基盤とするものであり、その目標は、国連の制裁の枠外でイラクがドルを得るのを防ぐとともに、大量破壊兵器の製造や他の軍事計画に役立つ物資のイラクへの流入規制を強めることにある。同時に、国連による査察再開を強く求め、イラクがこれを受け入れない場合には、安保理の決議に応じて、軍事行動に向けた国際的コンセンサスを構築して、イラクの大量破壊兵器の使用およびテロリストへの提供を抑止する必要がある。

イラク内外における反サダム・フセイン勢力への支持を続け、これらの反政府勢力がうまく活用できる物的援助を積極的に供給することも「封じ込めプラス」戦略の政策となる。また、クルド人を含むイラクの反政府集団間、さらには将来のイラク国家の体質やその近隣政策に利害関係をもつ地域諸国間のコンセンサスを形成するための確固たる努力も、「封じ込めプラス」戦略を構成する政策となる。

この戦略では、イラクと国境を接する諸国に、アメリカの単独軍事行動のための基地使用権よりも、むしろ国連の制裁措置を破っての闇取引や密輸をやめることを要求し、国境警備及びイラクとの間の物資の出入りへの監視体制強化を支援することが重視される。これらの国には対イラク禁輸措置に伴う経済的損失を埋め合わせる大規模な経済的援助を与え、一方で、近隣諸国、国連とともに、イラク市民に人道支援が間違いなく届くように配慮する。加えて、イラクでの人道的悲劇が、制裁措置によってではなく、イラク政府の政策によって引き起こされていることを世界の人々に理解してもらうため、大がかりな広報外交を展開する必要もある。

逆説的ながらも、ブッシュ政権が軍事行動を始めようとしていることがよく知られている分、この「封じ込めプラス」戦略をうまく実施するのに必要な、各国の支持を取り付けるのは比較的簡単かもしれない。「封じ込めプラス」戦略の代替策が「戦争」を意味することを皆が知っているだけに、各国がこの戦略を支持する可能性は十分ある。

「封じ込めプラス」戦略は成功するだろうか。私はこの戦略が果敢に実施されるならば、サダム・フセインによる大量破壊兵器の使用及びテロリスト集団への提供という動きを抑止できる可能性は高いと思う。湾岸戦争の終結以来、サダム・フセインの政策の意図はイラクでの自らの権力を維持していくことにあった。一線を踏み外せば、政権を追われる羽目になることは彼も十分理解している。

しかしこの「封じ込めプラス」戦略によってイラクでの政権交代を実現するのに、どのくらいの時間がかかるかはわからない。サダム・フセインが権力の座にある限り、生活の改善は期待できないことをイラク市民が理解し、恐怖政治の呪縛を克服して行動を起こせば、彼は政権から追われることになる。そのタイミングがいつになるか、タイムリミットを設定する必要があるとは思わない。禁輸措置をうまく機能させ、サダム・フセインに対する同盟が強化されている限り、われわれは辛抱強く待てるはずだし、また、そうあるべきだ。

軍事行動

イラクの政権打倒策に関する軍事戦略案のリークをわれわれは連日のように目にしている。ここでは、軍事作戦をめぐる諸案に対して専門的な判断を下すことはしない。だが、軍事行動をとれば、それがいかなるものであっても、きわめて深刻な事態に直面することを覚悟しなければならない。戦争が被害も少なく短期間で完璧に終結し、暫定政権がうまく統治を行っていくというシナリオの実現を期待するのは簡単だ。しかし、このシナリオが実現すると安易に信じて、軍事行動という選択肢を、自信をもって選択するとすれば、それは無責任の極みというものだろう。

軍事行動をとるとすれば、イラクの軍隊を戦場、そしてバグダッドの市街戦で圧倒するのに十分な軍事力を投入しなければならない。米軍部隊、攻撃に参加する同盟国の軍隊、イラクの市民、イスラエルを含む近隣諸国の市民にかなりの死傷者が出ることも覚悟しなければならない。また、大量破壊兵器や化学兵器が米軍や市民に対して使用されるリスクもある。(戦闘が終わっても)イラクを占領し、安全保障、経済問題に対処するには、かなりの期間、しかも相当のコストを支払って現地に留まる必要もある。

占領・駐留という選択肢の財政的なコストが膨大なものになるのは間違いない。軍事行動がどれほどの予算を必要とするか、それによって新たな財政赤字を抱え込むのか、それとも新税を導入したり、歳出を大規模に削減したりして、戦争・占領コストがまかなわれるのか、われわれは知る権利がある。石油価格が高騰し、ドル価値が急落するリスクもある。

大統領が発表した「先制攻撃」という新政策を実際にとることのコストも議論しなければならない。そのようなやり方は国連憲章の下での義務と矛盾しないと考えているのか、それとも国連憲章に拘束される必要はないと主張しているのか。この点でのブッシュ政権の見解ははっきりしない。現政権がどちらの立場をとっているにせよ、かなり重い意味合いを伴うし、歴代大統領の路線から逸脱することになる。トルーマン以降の歴代大統領は、アメリカによる武力行使が国連憲章に抵触しないように気を配り、他の諸国の武力行使を誘発しないように極力努力してきたからだ。

それでもこうしたコストやリスクを引き受ける価値はあるかもしれない。だが、私は少なくともこれらを正当化する根拠は見当たらないと思う。イラク侵攻策をめぐる議論において、われわれはブッシュ政権がそのようなコストを試算して公表し、なぜそのようなコストを支払ってでも軍事行動に訴えるべきなのか、説明を求めるべきだ。

「封じ込めプラス」戦略と軍事行動という二つの選択肢の是非を考える際には、それが、アメリカ人やその他の罪のない人々を標的とするテロリストの攻撃にどのような影響を与えるかを考慮しなければならない。仮に軍事行動が成功し、比較的コストが少なくて済んでも、イラク侵攻策はかなりの確率で対米テロ攻撃のリスクを高めることになると私は思う。理由は二つある。

第一に、パレスチナ問題に進展が見られない状況で、アメリカがイラクを軍事的に占領すればどうなるだろうか。アラブ世界、イスラム世界のますます多くの人物を、テロ路線に走らせることになる。イラクがテロリストによるアメリカ人殺害計画を支援しているというはっきりとした証拠がないこと、またアメリカがイラクを攻撃した場合のアラブ世界の予想される反応から考えても、われわれは、ブッシュ政権が「サダムを追放することがテロ攻撃のリスクを減らすことになると考える合理的根拠と証拠」を示すように求めるべきだろう。

第二の、そしてより重要な理由は、イラクに対する軍事行動は機会費用が大きい、つまり、それによって他の課題に取り組む資源が不足してしまうことだ。ブッシュ政権に限らず、米政府といえども、常に、一度に多くのことを手がけられるわけではない。米政府の指導者たちはアメリカの資源に限界があることに配慮するが、同盟国その他の諸国、議会やアメリカ市民に要請できることにも限界があることも認識すべきだろう。費やせる資源には限界がある。私はこの限られた貴重な資源を、世界規模での対テロ連合の形成、イスラエルとパレスチナ間及びインドとカシミール間の紛争の解決、インドネシア、ナイジェリアでの民族・宗教対立の緩和、アフガニスタンの安定確保、途上国における貧困の緩和、対テロ国内対策に使うべきだと考える。

これらはすべて非常に困難な課題だが、テロリストによる攻撃のリスクを減らす上では、サダムの早期打倒策以上に重要で、切実な対応を要する課題だ。「封じ込めプラス」戦略でサダム・フセインを封じ込めている間に、われわれはこれらのより切迫した問題に、より本腰を入れて取り組むべきだろう。

第二部　湾岸戦争とその後——封じ込めか、巻き返しか（一九九一—二〇〇〇）

湾岸戦争とアラブの混沌
――米軍のアラビア半島駐留の意味合い
The Summer of Arab Discontent

フォアド・アジャミー
ジョンズ・ホプキンズ大学教授

独裁者の策略

結局、平穏な日常は長続きしなかった。それは、一つの野望に幕が降ろされ、新たな野望が混乱を生じさせるまでのわずかな時間、つまり、イラン・イラク戦争が終わり、今回のイラクによるクウェート侵攻が開始されるまでのほんのわずかな時間にしか存在しなかった。アラブ・イスラム世界がアヤトラ・ホメイニの西洋に対する憤りやその教条主義の呪縛から解放されるや否や、バグダッドにサダム・フセインという新しい指導者が誕生した。しかし、この新たな主張を持つ指導者は、頭にターバンを巻いたイスラム教学の中心地、コム出身のアラブ世界の救世主（ホメイニ）とは大きく異なっていた。サダム・フセインはイスラム的統治に関する論文の著者でもなければ、イスラム法学院で学識を積んだわけでもない。当然、彼の行動が、イスラムの教えへの真の忠誠をめぐるイデオロギー上の葛藤の中から生まれ出たわけでもない。サダムは、アラビアとペルシャが接する不毛の地、それも文化、主張、および壮大な思想などとはおよそ無縁の地の出身である。この新たな指導者は独裁者だ。人々に服従を強要し、支配地を大規模な監獄にしてしまったこの独裁者は、冷酷で手馴れた看守でもある。

クウェートは一九八七年には戦火を何とか逃れることができた。イラン・イラク戦争の最終段階における当時の混迷のなか、その余波がクウェートに飛び火してもおかしくない状態にあった。そこで、クウェートはアメリカに石油輸出ルートの安全確保を依頼した。イランへの武器輸出という大失策を犯していたレーガン政権は、その埋め合わせとでもいうべき政策をとり、タンカーの国旗の付け替えを認めて（アメリカ船籍とすることで）、石油ルートに対する危険は減少した。しかし、悲しいかな、国家そのものは、船やタンカーのように国旗を付け替えることはできない。

九〇年の夏、イラクはクウェートを意のままにできる状況にあった。クウェートに隣接し、相当の力を持っていると自負していたイラクは、長期にわたるイラン革命への反対闘争をつうじて近隣諸国にかなりの恩恵を与えていると考えていた。湾岸の保護者・警察官を自任していたサダム・フセインは、こうして「正当な報酬」を徴収しに乗り込んできた。八月、彼は行動を起こし、豊かな隣国クウェートに不当な要求をつきつけた。サダム・フセインは、侵攻に先立ってクウェート側と交渉する姿勢をみせたが、サウジアラビアで開かれた唯一の交渉はわずか二時間で物別れに終わる。そして九〇年八月二日サダム・フセインはクウェートへ侵攻する。

彼は、必ずしも物事を計画的に選ぶタイプの指導者ではない。今回も行動を起こした後、事の推移を見ながらその行動を正当化する大義を見つけようと試みた。夢と反発が交互に堂々巡りをする中東世界で、サダム・フセインはその双方を自らの手の内に取り込んでみせた。彼は幻想的なアラブ世界の地図を手早く描き、旧式の武器を手にした。かつて兵舎や学校ではアラブの歴史に対するビジョンが存在した。アラブ世界が一つであり至上のものだった頃の思い出、ヨーロッパ列強のアラブに対する裏切りの記憶、そして、その歴史を正当な方向に再び引き戻してくれる指導者出現への夢である。これは、エジプトのガマル・アブデル・ナセルが三十年前に好んで用いたアピールの仕方だが、サダム・フセインはこれをいま一度復活させ、利用しようと試みた。

サダムはアラブ世界の「植民地的境界線」を厳しく批判した。「これらの境界線は（イギリスにより）不当に線引きされたもので、間違っている。そうした線引きによって、彼らはアラブ人の人口密集地域と、富が集中する地域を分断した」。サダム・フセインはこう宣言した。たしかに、イギリスは、第一次世界大戦の余波の中で荒れ果てたメソポタミア地方や、オスマン帝国におけるそもそもは別個の地域だったバグダッド、モスル、バスラを統合したかもしれない。しかしその地域を統治してきたのは他ならぬサダム・フセインである。彼がイラクという「アラブの市民国家」をつくり、好都合な国境線をそのまま維持できたのは、ひとえにイギリスの軍事力と意思のおかげだった。実際、（イギリスの言い分よりも）トルコによるイラク北部の領有権の主張、あるいは、クルド人によるクルディスタン地方の自治権を求める主張のほうがより妥当性を備えていた。イラクというアラブ市民国家建設のために、南部におけるシーア派の大部分を服従させたのもイギリスだった。しかし、イラクの強者は、このような過去の歴史の上に自分が乗っていることと、彼の汎アラブ主義の野望との間に何ら矛盾を感じることはないようだ。

サダム・フセインはアラブ内の支持を得るには絶好のタイミングで行動を起こした。彼がクウェートに侵攻したとき、アラブ世界の人々は、自分たちが歴史の流れから取り残されていると感じていた。東ヨーロッパでの革命と新生国家の誕生という記念すべき一九八九年、アラブ世界は歴史の傍流へ追いやられていた。イラクが行動を起こしたはその直後だった。歴史の流れはドイツや東ヨーロッパというアラブ以外の地域へ向かっていたし、ラテン・アメリカ諸国でも民主選挙が実施され、時の流れは民主主義にあった。一方、アラブ世界ではいまだに暴君たちが権力の座にあった。ソビエトが共産主義の根本理念を放棄しつつあったというのに、アラブの専制君主たちは過去にしがみついたままだった。

「この現実を見てくれ。ひどいもんだ。世界中のすべてが民主国家になりつつあるのに、われわれの経済状態はめちゃくちゃだし、何の力もない。すっかり取り残されてしまっている。ソビエトからのユダヤ人移民の流入を止めることさえできない」（『エコノミスト』一九九〇年五月十二日）。あるヨルダン人は、九〇年半ばのアラブの現状をこのように描写してみせた。実際、アラブ人のなかにはイラク軍に救いを見いだす者もいる。イラクの行動に匹敵するような企てはアラブ世界には見あたらなかった。サダム・フセインと立場を同じくする者にとって、彼によるクウェート支配はアラブ新時代の幕開けを意味した。彼を尊敬し、好意的に見る人々は言う。「サダムがまさに適任というわけではないが、非常にいいタイミングで彼は登場し、旧秩序に衝撃を与えた。それだけでも十分だ」

十年前、サダム・フセインは秩序を維持する側の人物であるかのように装っていた。サダムは自らを、イランやアラブ世界のシーア派諸国に対抗するイスラム主流派、そして経済の擁護者と見せかけることで、湾岸の王族たち同様に、自分がこの地域の支配者であるかのように状況を取り繕った。実際彼が、サウジアラビアの君主とクウェートの王族の手助けをした部分はある。残忍さでならした過去がつきまとうものの、彼は成長し変わった、と言われるようになった。サダム・フセインは、不満を自らの追い風とし、強情な人物であるというイメージをつくりあげた。あるヨルダン人は言う。「彼は、第二のナセルだ。しかしこのナセルは牙を持っている」と。

サダム・フセインのクウェート征服は、不満を抱く人々のほぼすべてに何らかの満足感を与えた。石油がもたらす富の恩恵にそれほど浴していなかったイエメン人にとって、イラクが裕福なクウェートをつまずかせ、没落させてゆく様を見るのは愉快なことだった。また、ベイルート、それもカトリック系住民が居住する東ベイルートの人々は、彼らの対シリア抗争をめぐってサダム・フセインが手をさしのべてくれたこともあって、イラクの独裁者の行動を祝福した。ベイルートにつきものの「破壊という現象」が、かつては整然とした秩序を維持した重要な湾岸の都市にも波及していることをキリスト教徒たちはむしろ喜んでいた。ヨーロッパに近接した地域で生活する半ば西洋化されたアルジェリア人やチュニジア人の若者たちにとっても、サダム・フセインの行動は、彼らの「西洋への依存ゆえの反発」、そしてポスト植民地国家として自立に失敗し、多くの人々が海外に出稼ぎに行かなければならないという現実へのいらだちを癒してくれるものだった。

サダム・フセインは、約十年もの間アヤトラ・ホメイニと戦ってきた。サダムは、政治と宗教は相容れるものではないと主張し、バース党の世俗主義を誇りにしてきた。だが、いまや彼は、相手に「地獄の責め苦」を味わわせるというかつてのホメイニの言葉を借用することで、イランというかつてのネメシスに事実上エールを送っている。

サダムは外務大臣にクリスチャンを起用したが、基本的にジハード（聖戦）を信じる人々で側近を固めた。「神を信じるアラブ人、イスラム教徒よ、おまえたちがどこにいようと、いまやアメリカ人にのっとられているメッカの地を守るために立ち上がらなければならない」。サダム・フセインと彼の支持者たちは、クウェートの侵略・併合という自らの暴力行為を既成事実としてみなすように仕向けるとともに、「サウジアラビアにおける米軍の存在」を大きな脅威とみなしている。もっとも、米軍の展開という事態を招いたのは他ならぬイラクによるクウェート侵攻のせいである。

パレスチナとサダム・フセイン

サダム・フセインは、パレスチナ人との団結を直ちにでっち上げた。この連帯関係においてサダムは、生粋の現状否定論者であるパレスチナ人が期待する現状変革勢力の盟主となった。アラブの騎兵隊の登場を待ちわびる西岸、ガザ地区のパレスチナ人の目には、サダム・フセインは、彼らを救うために白馬にまたがってやって来る「アラブ主義の騎士」と映った。サダムは「サラディンの再来だ」と西岸にあるベイト・ファジャール地区の教師は口にした。イスラエル占領下のパレスチナ系新聞も彼を称えた。九〇年四月、サダム・フセインは、もしイスラエルがイラクを攻撃してくれば、「生物化学兵器」をもってイスラエルに反撃をするし、イスラエルの国土の半分は火の海と化すだろうと警告した。西岸およびガザ地区の民衆は、生物化学兵器が一体何であるのかを知らなかったが、漠然と、強力なイスラエル軍でさえなす術を持たないほどの威力を持つ秘密兵器だと考えていた。こうしたサダム・フセインの虚勢はパレスチナ民衆の支持をとりつけるのにプラスに作用し、実際、パレスチナ人は八月のクウェート侵攻をめぐってサダム・フセインを熱狂的に支持することになる。

顧みれば、八七年十二月に起きた西岸およびガザ地区での暴動（第一次インティファーダ）は、アラブ政治の拘束から逃れようとするパレスチナ人の独立宣言だった。パレスチナ人がこうした独自路線を採用してから約三十カ月後、サダム・フセインは行動を起こし、パレスチナ人はそれを支持した。だが、これはパレスチナ人がアラブ政治の力学に再度巻き込まれて過去へと引きずり戻されるだけでなく、インティファーダの目的だった独自路線の実現が不可能になることを意味した。六七年以前のイスラエルおよびその占領地との境界線が消えることはなく、現状が維持された。結局、いつもの手詰まり状況へと陥り、パレスチナ人は遠くから救いの手がさしのべられることを望むのみとなった。

それでも、パレスチナ解放機構（ＰＬＯ）の上層部はサダム・フセイン支持を打ち出した。彼らはおそらくサダム・フセインが勝利すると確信し、彼が戦利品を独り占めするのを恐れたのだろう。ヤセル・アラファトはおそらくはこうした思惑から、イラクのクウェート侵攻からさほど日をあけずにバグダッドを訪れ、征服者と抱擁をかわす。これは、もし偽善でないとすれば、かなり皮肉な出来事だった。というのも、クウェートはアラファトが若かりし頃に成功をおさめた場所だからである。

四八年のイスラエル建国によって故郷を追われた後、パレスチナ人の富裕階級が繁栄を手にして、豊かな生活を送ったのは、ベイルートよりもむしろクウェートにおいてだった。それだけではない。クウェートの支配者は、ＰＬＯおよびその関係組織に対し寛大な支援を与えてきた。イラクのクウェート侵攻はパレスチナ人に感情と利害の二者択一を迫り、彼らは感情のほうを優先させた。かつてアラファトは中東問題の穏便な解決を目指す人々との話し合いを試みたことがある。彼はアメリカとの対話を行い、ＰＬＯを外交上の主体として認めさせた。しかし、彼が期待したような援助は確保できなかった。

アラファトがサダム・フセインを祝福したのは、サダム・フセインが八月の時点で快進撃を続けていたからだ。機を見るに敏なこの行動は、彼の信念に基づくものでもあった。だが、イラクの侵攻を認める一方、西岸からのイスラエルの撤退を促すという二つの路線が矛盾していること、そして、サダムを支持することが、パレスチナ人の大義に長期的には悪影響を及ぼすことをアラファトが認識していたとは思えない。

これまでアラファトはその努力と時間の大半を湾岸の王族の支持を得ることに費やしてきた。彼はこの二十年間、湾岸地域の支配者たる王族に対して、パレスチナ人の大義はイデオロギーに根ざすものではなく、いかなる革命をも実現しようとするものではないと主張してきた。しかし、決断を迫られると、彼は手のひらを返してイラクの指導者を支持した。アラファトという人物を理解するには認識すべき前提がある。民衆の考えより先走ったことは行わないという前提だ。実際、アラファトがイラクによるクウェート併合を黙認したことはパレスチナ人民の立場を正確に反映していた。パレスチナ人は、軍事支配され、略奪の憂き目に遭えば、クウェート人もパレスチナ人の状況をより理解できるようになると考えていた。事実、クウェートにかつて住んだことのある女性は怒りを込めて次のように語っている。「これでクウェート人も私たちの立場により理解を示すようになるでしょう。彼らは私たちに対し、なぜ故郷を去ったのかと常に批判してきました。しかしこのような状況で、何人のクウェート人が国内に残ることができるか見守りたいと思います」（『ワシントン・ポスト』一九九〇年八月十五日）。

ヨルダン　温厚な指導者の賭け

現状変革の願いは広範に浸透しており、イラクの野望に対する共感は、歴史的にもっとも保守的で用心深いヨルダンの首都にも及んでいる。事実、熱狂したアンマンの群衆は、サダム・フセインのクウェート侵攻にまつわる大義を強く支持した。ヨルダン人とパレスチナ人の立場はそれまで違っていたが、サダム・フセインの賭けは、両者の隔たりを埋め、双方を団結させる共通基盤を提供した。イラクのクウェート侵攻から一カ月間、この忘れ去られたヨルダンという君主国が突然歴史のスポットライトを浴び始めた。世界のメディア（新聞、雑誌、テレビ）はこぞってヨルダンをとりあげ、アンマンは一時的にアラブの中心地であるかのように扱われた。テレビ・カメラが映し出す人々は、皆何かを語りたがっていた。ヨルダン人は貧しく、クウェート人は裕福だった。湾岸諸国によって約束されたヨルダンへの支援が現実になされることはめったにない。援助が提供される場合でも、それはヨルダン人の誇りを傷つけるような形で行われてきた。ヨルダンは重債務国であり、その経済は借金で成立している有様だが、一年ほど前、食糧を求める群衆の暴動がヨルダンの主要都市を席巻したときも、救いの手をさしのべようとする国はほとんどなかった。

ヨルダンの知識人は、第一次世界大戦後に行われた中東をめぐる外交取り決め、そして、その後出現した近代における中東秩序を認めていない。ヨルダンの人々は、世界における自国の立場に関して虚勢と不安が入り交じった複雑な感情を抱いている。ヨルダンの知識人は、自国の国家基盤が脆弱であること、強国に蹂躙される危険があることも理解している。王国を守るためにヨルダン人がとっている安全策は非常に興味深い。彼らは急進主義と火遊びし、征服者サダム・フセインに便乗している。知識人および政治活動家のほとんどは、ヨルダンの穏健な政治文化と、サダム・フセインの世界観が相容れるものではないことをわかっているに違いないのだが、現実はそうした用心深さを無視する形で展開している。

フセイン国王がこのような状況に直面したのは何も今回が初めてではない。六七年の六日間戦争の際、アンマンの群衆は我を忘れ、ナセル支持にわきかえった。それ以後、フセイン国王はエジプト人と運命を共にするようになった。そして彼は六七年のアラブの敗北をエジプトとともに経験する。フセイン国王は自国の体制をなんとか存続させることはできたが、彼の祖父が四八年、四九年に確保したヨルダン川西域の一部を手放すことになった。国王は今回も似たような決定を下している。彼は可能な限りイラクの独裁者を支持するだろう。フセイン国王とイラクの強者サダム・フセインとの同盟関係は決して自然な連帯とは言えない。ハシム家の末裔と、ティクリット出身の冷酷な成り上がり者の組み合わせはいかにも奇妙だ。二人の現在の結びつきは、イラク・イラン戦争期の便宜的な協力関係に端を発するものにすぎない。

もっとも、フセイン国王は本来リスク回避を心がける人物で、今回のサダム・フセイン支持という賭けにしても例外ではない。彼は、ヨルダン川の向こう側のイスラエル労働党、そして交渉相手であるシモン・ペレスとたびたび話し合うという賭けにうってでたが、八〇年代の終わりとともに、国王の賭けも実を結ぶことなく潰えた。強硬姿勢をとるリクード党（右翼連合政党）が指導権を握る現在のイスラエルは、フセイン国王が知り、考えるような国ではなくなった。フセイン国王とペレスは、西岸に関し「ヨルダン方式による解決」に積極的に取り組んできたが、ペレスの労働党はリクード党に敗れ、八七年十二月に起きたインティファーダが、ヨルダン方式による解決の可能性を完全に摘み取ってしまった。

フセイン国王は、ペレスとの関係以上にアメリカとの密接な関係を保ってきた。しかし、このパトロンはあまりにも遠くにいた。アメリカの関心や援助はヨルダン以外の地域、つまり、イスラエルとエジプトという新たなる中東の重要地域に向けられた。ヨルダンがかつてアメリカにとって重要だった時期もあるが、ヨルダンの君主はその後、アメリカに懐疑的となってしまった。フセイン国王は、かつてはアラブの指導者たちの間ではもっとも西洋に近い人物だったが、もはやそんなことはどうでもよくなった。

アメリカは、フセイン国王自身の中東の立場に関係してくるパレスチナ問題への直接関与を深めてゆくにつれて、パレスチナ人勢力を重視しだした。アメリカ政府は、フセイン国王の仲介で「パレスチナ問題を解決」することはできず、そうできるのはパレスチナ人の指導層だけであると考えるようになった。「石を持った子供たち」の暴動は二年間にわたり世界中の関心を集め、アラファトに新たな政治生命を与えた。レーガン政権の末期、アメリカ政府はアラファトにアメリカとの話し合いの場を与え、その結果、フセイン国王は独自路線をとるようになった。

ヨルダンとイラクの関係は九〇年代にさらに深まっていくかもしれない。イラクの強者と用心深い君主の関係はこれまでになく緊密になっている。フセイン国王は一種の運命論を信じそれに身を任せることで、彼の政治活動における重要な分岐点を乗り切ってきた人物である。彼は、風をいかにうまく利用して船を進めるか、またいつ手を休めればよいかを知っていた祖父の政治手腕を受け継いでいる。しかし、今回の嵐を以前のような安全な舵とりで、乗り切るのは難しいだろう。サダム・フセインがその野望を推し進めるにつれ、問題は「政治的正統性」と「強奪」をめぐる対立になってきているからだ。フセイン国王はこの中間に身をおこうとした。彼は、彼なりの方法で舵をとることをやめ、事態の推移を市民の激情のなすがままにまかせた。それが民主主義というものだ、とアンマン政府は語った。九月中旬には、革命主義者、批判の煽動者、そしてジョルジュ・ハバシュ、ナイーフ・ハワトメといったパレスチナ過激派が、アンマンに集まり、「汎アラブ」会議を開いた。その会議には、フセイン国王が七〇年代にベイルートへ追放した革命主義者たちも参加していた。追放から二十年を経て、彼らは、忠誠の対象を変えて時流と火遊びをしている町、アンマンへと舞い戻ったことになる。

クウェート侵略とアラブ政治の構図

サダム・フセインにしてみれば、アンマンよりも、それ以外のアラブ地域における人々の支持を獲得するほうがよほど難しい仕事だった。これらの地域の人々は彼の人となりを十分に理解している。西ベイルートのイスラム教徒たちが、彼の侵略を祝福することはほぼあり得ない。レバノンで暮らす多くのシーア派にとって、サダム・フセインは残虐な権力の代名詞だし、この残忍な権力こそ、シーア派の受難と苦難の歴史の元凶だった。サダムはイラクのナジャフとカムバラにあるシーア派の学問所における独立した宗教活動を弾圧した。さらに八〇年には、著名なシーア派のイスラム法学者、アヤトラ・モハメッド・バーキルアッサドルをはじめとする数多くの人々を処刑し、何百人ものシーア派のウラマー（宗教指導者）をイラクから追放している。

サダム・フセインは、エジプトの支持も得ようと画策した。ホスニ・ムバラク大統領によれば、サダムはムバラクに対して、「王子」としてではなく、平民から最高権力者になった者同士、自分の側についてくれるようにと訴えた。サダムはエジプト大衆に対して、クウェートとサウジアラビアが富を独占していると訴えて、それを自分への支持の追い風にしようと試みた。だが、八〇年代にイラクへ出稼ぎに行き生活した経験のある膨大な規模のエジプト人たちが、こうした彼の人気とりにだまされるはずもなかった。彼らがイラクで稼いで貯めたお金はイラク人によって大きくピンハネされ、蓄えさえも奪われた。エジプトでは、クウェート侵攻の数カ月前からある噂がかなりの広がりを見せていた。それは「イラン・イラク戦争から帰還したイラク人が、イラクで働くエジプト人の農地や仕事を自分のものだと主張し、エジプト人を殺害しており、その数は千人に達する」という風評だった。真偽のほどはともかく、イラク人の暴力的なやり方は、温厚なエジプト人を震撼させていた。

アラブ・イスラム社会は、民主政治を生み出すことも、また絶対君主の暴政をくい止めることもできなかった。アラブ社会は圧政が何であるかを知っているだけに、それに服従するかもしれない。イラクの独裁者は愛情など持ち合わせておらず、そうした感情の片鱗さえも見せない。サダムは人々が自分のことを、畏怖をもって接するべき人物として振る舞ってきた。しかも、彼は辺境の地から身を起こした人物である。アラブ人でバグダッドを知っている人は少なく、この土地に愛着を感じる人もほとんどいない。ナセルの主張は、アラブ世界の中心であり近代文明の首都カイロでなされたが、バグダッドは辺境の地、禁断の地である。中東での初めての軍事クーデターも三六年にバグダッドで起きている。三六年といえば、軍部がシリアやエジプトにおいて権力を獲得する一世代も前の話だ。最近でも、五八年七月にハシム家の王が殺害され、それに続く追放や殺害劇は、王制が崩壊した後におけるイラクの歴史的パターンとなっている。

サダム・フセインのクウェート侵攻の際、パレスチナ人や北アフリカのアラブ知識人たちが、サダム・フセインの行動を「アラブ人魂の秘められた怒りの発露」とみていたのは事実だ。しかし、これは、挫折感を味わっている知識人にありがちな、他の地域の独裁者への感傷にすぎない。知識階級の混乱とは逆に、中東地域を旅行してみれば、サダム・フセインの行動を現実に見てきた一般の人々が、今回の事件に対してきわめてはっきりとした価値判断を行っていることがわかる。「サダムは水の中にインクを入れた。どうしてそんな水を飲めようか」。イラクのクウェート侵攻時、クウェートに在住しその生涯の蓄えをすべて失ってしまったあるシリア人はこう状況を描写してみせた。西岸のベイト・ファジャールで暮らすある六十代の男性も、町全体の沸き返りようとは際立って違う意見を語った。「預言者モハメッドは、人々は火と水と草の三つを分かち合わなければならないと語った。たしかに、クウェート王族はもっとわれわれと分かち合うべきだった。しかしサダム・フセインはサラディンではない。われわれはまるで、溺れかかり、藁にもすがろうとしている。サダム・フセインは、その藁にすぎない」

サダム・フセインにとっても、大衆は自分の側にあると主張したり、イスラムの多くのシンボルを彼の下に独占したりするのは容易ではなかった。イスラム社会という生地はたくさんの糸で織り込まれている。ある者は彼の巧妙な言い分に手を貸すが、そうしない者もいる。彼は、全イスラム教徒に彼の側につくよう命じたが、イスラムのさまざまなシンボルを、彼や彼の政権が独占することはできなかった。イスラム社会は多様性に満ちている。イラクによるクウェート侵攻のエピソードは、イスラムの多様性とそれを全体的に掌握することの難しさを改めて示している。

アラブ諸国の思惑

チュニジアやアルジェリア、そしてガザ地区のイスラム主義者の一部はイラクの旗の下にはせ参じたが、エジプトやレバノンのイスラム教徒は、イラクの行動を批判し、「自分が預言者モハメッドの末裔だ」というサダム・フセインの突然の「発見」を戯言と退け、相手にしていない。急進的イスラム主義者はサウジアラビアにいる外国軍隊の存在を非難しているが、一方で、高位のウラマーたちは、サダムのクウェート征服とバグダッド政府に反対する解釈を示している。八月末にエジプトのもっとも権威のあるウラマー、シェイフ・ジャド・アル・ハックは「ファトワ」(宗教命令)をつうじて、サダム・フセインのクウェート侵略を非難し、サウジによる外国への軍隊派遣要請を認めると表明した。影響力のあるアル・アズハル学院の長老も「暴君は封じ込めなければならない。さもなければ彼の暴虐は留まるところを知らないだろう」と発言した。湾岸諸国は「『裏切りものの兄弟』から自国を守るために、外国の助けを求める権利を持っている」。サダム・フセインがジハードを呼びかけたのは、自分の「暴挙をごまかすためのものだ」と(『アルハヤート』一九九〇年八月二十二日)。

サダム・フセインは、イラクの軍事キャンペーンを、「アラブの豊かな国と貧しい国の戦い」という構図で説明することで、各国間の政治レベルの問題を解決しようとした。彼は、イエメン、ヨルダン、パキスタンの支持と、チュニジアとアルジェリアの一部の寛大な対応を取りつけた。だが、エジプトとシリアという二つの重要な国とは敵対する羽目になった。こうして、湾岸地域を支配しようとするバグダッドの大胆不敵な賭けは、七三年の十月戦争期にアラブ世界の政治を規定したエジプト、シリア、サウジアラビアの三国連合に新たなる役目を与えることになった。

エジプト人は湾岸地域の政治に再び参加することに熱心だったし、サウジアラビアも、そうしたエジプトの役割を認めざるを得なかった。歴史的にみてもサウジ王国の守護者たちは、過去の忌まわしい記憶、国家間競争という二つの視点から、エジプトが湾岸政治に首をつっこんでこないように配慮してきた。最初のサウジ王国（一七四四〜一八一八年）は、モハメッド・アリ、すなわち、オスマン宮廷から派遣されて湾岸へ赴き、原理主義的なワッハービズムの反乱を鎮圧したエジプトの支配者によって崩壊させられた。一九五〇年代から六〇年代にも、ナセルがアラブ諸国内の政治を牛耳り、サウジ王国にその存続を左右するような難題をつきつけたため、歴史が再び繰り返されるかに見えた。

サウジアラビアにとっては、アラブ世界でエジプトが持つ影響力は常に頭痛の種だった。考えられないほどの人口の多さと、エジプト人を助けるのに十分な援助を準備することの大変さは、常々サウジアラビア人を悩ませてきた。アメリカのリヤド政府への圧力が、湾岸政治へのエジプトの関与を今回サウジアラビアが黙認した理由の一つだが、これに加えて、イラクが突きつけた大いなる脅威もそのような態度を強める効果をもった。結局、エジプト人はアラブ世界の中央に舞い戻り、サウジは彼らのために居場所をつくってやらなければならなくなった。

シリアにとってイラクとの紛争は、外交上の混迷からたち直る良い機会だった。この十年間、シリアは常に問題の矢面に立たされてきた。イラン・イラク戦争期、ダマスカスの支配者アサド大統領は、旧アラブ秩序と、テヘランやベイルートのシーア派による旧秩序に対する挑戦という二つの流れの間で揺れ動いていた。当時の彼は、ベイルートの問題を押さえ込むとともに、シリアのアルウィという辺境地区での宗派間抗争を取り締まって、近隣の警官の役目を果たすという曖昧な態度をとっていた。だが、最終的にホメイニは旧アラブ秩序を崩壊させることに失敗する。大義という面では、アサドはイラン人と大義を共有し、イランがそれに失敗してしまった以上、アサドはこれまでの曖昧な行動を清算しなければならなくなっていた。

シリアのレバノン領有（アラブ平和維持軍としての駐留）は常に危険にさらされていた。東ベイルートのマロン派キリスト教徒勢力を支援するイラクによって常に脅かされていたからだ。だが、アサド政権はイラクの野望（クウェート侵攻）によってその孤立状況を打破する機会を手にした。反サダムを明確に打ち出したシリアは、今後、湾岸の石油というアラブ資産の恩恵にあずかることもできるだろうし、旧秩序との和解もとりあえず果たしたことになる。アサドは、レバノンに勢力圏を確立させた暴れ者かもしれないが、サダム・フセインにくらべれば、まだ良心の呵責を感じることのできる人物だ。彼の国には、レバノンの勢力圏に満足せず、さらなる拡張を求める勢力が存在する。しかし彼は状況をレバノンでの自然な推移に委ねることをルールとしている。彼は常にレバノンの主権という大枠を通じて行動することを心がけ、クウェート侵攻によってバグダッドが東ベイルートに手を出せない状況を前にしても、そうしたルールを破ることはなかった。

実際、東ベイルートにおけるマロン派キリスト教徒の反乱首謀者、ミッシェル・アウンに対する攻勢はアサド特有のスタイルで行われた。アウンは二年の間見張られてはいたが、気ままにそして好きなように行動していた。アウンに対する決定的行動は、シリア側の環境がすべて整ってからなされた。イラクに彼を助けにくる余裕はなくなっていたし、彼はバグダッドにとってむしろ厄介者となってしまっていた。レバノンにおけるシリアのフリーハンドは、クウェート侵攻をめぐる旧秩序支持の見返りだったのだ。

砂漠の民と都市の民の争い

湾岸・沿海地方をめぐっては、アラブアル・シマール（北アラブ）と、アラブアル・カリージュ（湾岸アラブ）の役割分担があった。「湾岸の地」をめぐって北アラブと湾岸アラブには根深い政治的確執があったが、そこには現実的な了解も存在した。湾岸アラブが富と仕事を提供し、北アラブの武装集団や煽動者がこれによって活動できるようになるという構図だ。北部では、あらゆるユートピアの実践が可能だ。そこには、急進的ナショナリズム、社会主義政治、そして絶対主義さえもが存在する。かつては北アラブと湾岸アラブの間にはより単純な関係が存在し、王子と商人という旧来の役割で規定される世界が変貌してしまうと考えるものはほとんどいなかった。こうした世界における権威は温情主義的だったが、統治者や被統治者はともに約束で縛られており、その掟が破られることも通常なかった。

だが、九〇年の夏、北アラブと湾岸アラブの境目にあるイラクが、旧来の湾岸秩序に対して差し押さえ状をつきつけた。北アラブは混迷を深めていた。荒廃した政治、重債務に苦しむ経済、そして人口の急増が突きつける現実は若い歩兵たちを失望させ、略奪行為へと走らせ、この状況は南部にも影響を与えた。これによって、アラビア半島諸国、湾岸アラブ諸国、そして彼らに隣接するより貧しい諸国間に存在していた不安定な関係が瓦解した。

ナセル主義を継承するエジプトのジャーナリスト、モハメッド・ヘイカルの解釈に従えば、九〇年夏の危機は、かねてより存在した「砂漠の民と都市の民」の争いの一番最近の例、ということになる。独立のための戦いがカイロ、ダマスカス、バグダッドやベイルートなどの都市で繰り広げられたが、「部族の指導者」が石油を掌握したために、都市は「戦いの報酬」を奪われてしまった。こうして、都市住民と部族長の間で契約が結ばれることになる。しかし、産油国では「自らの統治権を信じる」若い世代が新しく育っていた。王族の規模が大きくなり、「部族制は王制へ」と変貌していた。サウジの王族だけで現在六千五百人から七千人はいる、とヘイカルは指摘する。彼によれば、アラブの歴史とは、都市における「アラブ民族運動」の記録だったが、その後、地勢的位置や油田をめぐる争いと化してゆく。

産油国の主権や正当性を軽んじるこうした理屈は、王族の国の人々にとっては、不幸な過去へ引きずり戻されるようなものだった。「アラブ人のためのアラブの石油」という大合唱は、五〇～六〇年代のナセル主義が最高潮だった時の政治的主張である。当時は、産油国にとっては危険な時代だった。彼らは、より大きなアラブ世界への忠誠と自国の利益の確保との間での綱渡りを迫られた。そして、遠くの国々から安全保障の傘が提供された。イギリスがクウェートの安全を、またアメリカがサウジの安全を保障するようになった。当時は、地域的略奪者を外部勢力が牽制できる時代だった。六一年、イギリスによるクウェート保護条約が失効すると、イラクがクウェートの所有権を主張して、国境を越え侵略してきたが、イギリス人はすぐにとってかえし、イラクは撤退する。その後、ナセルはイエメンに侵攻したが、サウジアラビアの産油地域を即座に攻略するようなことはしなかった。彼は用心深い政治家だった。ナセルは、現状否定論者だったかもしれないが、無法者ではなかった。彼は、力のバランス、そして彼にとってできることと、できないことを理解していた。結局、イエメン戦争をめぐって、サウジアラビアとエジプトは対立し、最終的にはエジプトが敗北する。

湾岸・アラビア半島諸国にとって、急進的民族主義政策を標榜する諸国との闘争は幸運によって救われた部分がある。六七年のイスラエルとの六日間戦争が急進派諸国の権力と自信を崩壊させたからだ。湾岸王族国家とエジプトとの間に話し合いがもたれた。湾岸諸国はエジプトへの援助を約束し、またエジプト政府はイデオロギー闘争の中止を宣言した。かくて同様に、軍事的な汎アラブ主義は破滅的な行為とみなされるようになり、アラブ世界の急進主義は衰退してゆく。七三年の十月戦争の後、石油経済は活況を呈し、湾岸地域住民は社会的自信を強め、経済への投資活動を行った。しかし、数年のうちに、ホメイニがこの地域の平和的状況を崩壊させる。結局ホメイニも、アラブ人とペルシャ人の分裂状況に橋をかけることはできなかったし、イスラム内部におけるスンニ派とシーア派の根深い対立も解消できなかった。

だが、サダム・フセインの賭けが実を結び始めていた。汎アラブ主義をめぐる議論、そして五〇年代のような急進的感情がアラブ地域に舞い戻りつつあった。しかし、新しい賭けの背後には、イラクの支配者の残忍性と大量破壊兵器が見え隠れしていた。サダム・フセインが思い描く世界にはいかなる制約もなかった。反イラン、反シーア派政策を遂行する際、彼は国内で用いたのと同様の残忍な手法をもって、自分の力の及ぶ世界（アラブ、エジプト）、またその力の及ばない（アメリカ、フランス）に対処していった。サダム・フセインが、自分がとった決定の帰結について無神経であることは、クウェート侵攻に対する各国の激しい批判を、「裏切り行為」と呼んでいることからも明らかだろう。十年前、サダム・フセインは「ゾロアスター教のペルシャ人」撲滅作戦（対イラン戦争）のため部隊を東方へと派遣したが、以来、彼は自国の戦死者のために追悼式や葬式を行うことさえ禁止している。

クウェートへ向けた今回の南方への侵攻は、クウェートの資産の獲得および半島・湾岸地域からの西洋勢力追放といった独りよがりな幻想を基盤としている。今回彼がその残忍な鉾先を向けた湾岸アラブの入り口は争いを好まない穏やかな社会地域であり、侵攻に対する何の抑止力も持っていなかった。湾岸アラブ諸国、特にサウジアラビアが、この攻撃から身を守るには、彼らの政治的、文化的タブーを破ることが必要だった。彼らは米軍のプレゼンスを受け入れて、抑止の構築を考えざるを得なくなった。

サウジアラビアの米軍

近代サウジアラビアの創設者、イブン・サウドは、外国人の接触について曖昧な行動規範をその子孫に伝統として残した。「イギリスはヨーロッパの国だが、私はイングリズ（イギリス人）の友人、盟友である。しかし私は彼らと、私の信仰と名誉の許す範囲でしか交友するつもりはない」。西洋からやってきた外国人は寛大だったかもしれない。彼らは機械と技術を持ち込むことによって砂漠における困難に満ちた生活を改善し、変えたかもしれない。しかし外国人とのつきあいに関しては掟が存在した。外国人とのつきあいは慎重なものでなければならず、また外国人も注意深く行動しなければならなかった。サダム・フセインがクウェートに侵攻したとき、サウジアラビアの守護者が侵略に対抗するために、打破しなければならなかった政治的、文化的タブーとは、この「外国人とのつきあい方」に関するものだった。

サダム・フセインの軍隊がサウジアラビアおよびクウェート国境に集結した後、サウジアラビア政府が、彼の意図を見極めようとあれこれ考えてもどうしようもなかった。サダム・フセインは、サウジアラビアを攻撃することも、侵攻の可能性を残しておくこともできた。事実、こうした状況の流動性は、サウジアラビアの政策決定者には耐えがたいことだった。

クウェート侵攻の翌日、イラク部隊はサウジアラビアに三度侵入している。サダム・フセインは、サウジアラビアをまさしく思いのままにできる状況にあった。

サウジアラビア人は、サダム・フセインの軍隊が侵攻してくれば、どのような事態に陥るかを明確に理解していた。イラクは三日で首都リヤドに到達していたかもしれないし、サダム・フセインはリヤドの政権を倒し、征服と騎士道と過去の戦乱を通じて確立されたナジュドの町を踏みにじっていたかもしれない。また、サウジアラビアの社会契約のすべても壊されていただろう。サダム・フセインは石油地帯である東部地方を切り離すこともできたし、サウド家がイブン・サウドから受け継いだ地域を制圧できたかもしれない。このような災難に比べたら、外国軍の駐留が引き起こす政治的・文化的摩擦など取るに足らない問題だった。

サウジ王国の守護者たちは、王国の生活と繁栄が侵略者の脅威にさらされていることを市民も理解し、（外国軍を招き入れる）政府の決定を支持すると確信していた。サダムの侵略の結果、二十五万から三十万人のクウェート人がサウジアラビアに逃げ込んだ。国を追われた悲しみに打ちひしがれた彼らは、自らの不運とサダム・フセインの侵略の実態を人々に訴えたいと願っていた。サウジアラビアはクウェート人に電波と活字メディアを自由に使わせた。クウェート人のメッセージは、そのトーンを抑えたものだったとはいえ、はっきりとしていた。「いまは、神のご加護におすがりするだけです」。こうして、サウジアラビア人は「アラブ・イスラム勢力」そして「その他の友好的勢力」をなぜ自国の指導者たちが招きいれたかを理解した。「米軍はいわば消防隊だ。家が火事になった者にとって、消防隊がどの国の人間であろうとかまわない」。あるサウジアラビア人のジャーナリストはこう口にした。

サウジアラビアの経済繁栄期以降に生まれた世代は、新たな富と豊饒の時代を生きてきた。年長者であれば経験したような貧困や困難を知らない彼らも、今回、クウェートの破滅と、国を後にせざるを得なかった人々を目の当たりにした。これは彼らに、「すべてが無に帰することもあるし、強欲な隣人に取り囲まれていれば侵略という過酷な運命が待ち受けていることもある」という教訓を教える実体験となった。しかも、クウェート侵攻ゆえに、この豊かな国は、九月下旬の統一サウジアラビア王国建国五十九周年という大切な時期に危機に直面させられることになった。もはや、指導者たちによる米軍支援要請の決定に異議を唱える者はいなかった。

サウジアラビアの指導者たちは、米軍支援要請をめぐって、王国のウラマーたちのお墨付きを得ようと試みた。伝統主義の代表的な法学者であるシェイフ・アブドゥル・アジーズ・イブン・バズは、外国軍の駐留を支持した。彼は、数年前には、外国人による社会儀礼への精神的汚染を問題とする裁定を下した人物だった。当時彼は、王国内にいる外国人はラマダン月にはイスラム教徒同様に断食すべきだし、ラマダン月にイスラム教国以外に行くサウジアラビア人の行動に疑問を表明するとともに、王国内でアルコールを製造する外国人には、より厳格な処罰を与えるべきだという裁定を示していた。「アラビア半島に宗教は二つと存在しない。一つしかありえない」と、彼は警告した。

しかし、いまやイブン・バズは外国軍駐留の正当な理由を見出した。ファトワの中で彼はイラクの支配者に対し「クウェートおよびクウェート人に強いた抑圧と破壊を悔い改め、すべてを彼らの手に戻すように」と呼びかけた。その上で彼はサウジアラビア政府が「国籍の違うイスラム教徒や他の信仰者」を招きいれることを決定したことに触れ、それは「王国にとって許されること、イスラムとイスラム教徒の防衛と領土保全、市民の安全を守るために必要なことだ」という見解を示した。イラクには「背信的な意図」を持つ男がおり、「王国を悪から守る」ことが重要であると彼はファトワで指摘した。

きわめて高い影響力を持つ高等ウラマー評議会の採決がクウェート侵攻の十日後に下されたが、その内容もイブン・バズ師の外国軍駐留支持と同じ主旨だった。「クウェートにおいて、ひどい侵略と深刻な犯罪が起きている。サウジアラビア王国の守護者は、王国がクウェートと同様の運命をたどることを阻止し、アラブおよび非アラブ諸国からの支援を要請することを決議した」。ウラマー評議会は、市民に「信仰、財産、名誉、生命」の安全を保証し、「彼らが安全と安定から享受できるものを守る」ため、あらゆる防衛手段を講じるべきであるという見解を示した。慎重な人物により構成されているウラマー評議会も、いまは宗教的純粋さよりは現実の必要性を優先させるべき時だということをわきまえていた。

本来、防衛など、ハイ・ポリティックス（安全保障分野をめぐる政治）は国の支配者がカバーする領域である。王族（支配者）と宗教指導者の役割区分は両者のパートナーシップの基盤だ。王国のウラマーたちは社会規範を司り、資産と秩序を守る義務を負っている。当然イラクによるクウェート侵攻問題が、いかに国中を大混乱に陥れる危険を秘めているか、そしてイラクの脅威がいかに大きなものかを理解している。このような状況下では、ウラマーの任務は、イラク人がクウェートにおいて引き起こした習慣と慣例に対する侵害、またそれに伴う道徳的恐怖を詳細に指摘することだった。一方、国家にかかわる問題、つまりアメリカ人とのつきあいは、国家の守護者、すなわち、サウド家の中心人物たちに委ねられた。

だがわれわれは、歴史が示す以上に中東世界が宗教的純粋性を保っていると考えてはならない。アラビア半島そして湾岸地域のアラブ人は、現実的な世界の中で生まれ育っており、彼らを取り巻く危機についてはよく心得ている。米軍の駐留についての意見を聞かれたサウジの財界エリートは次のように語っている。「われわれは豊かだが、近隣諸国の人々は貧しい。われわれを取り巻く世界では貧困問題が深刻化しており、サウジアラビアへの反感が高まりつつある」。加えて、アラビア半島および湾岸諸国は歴史的経験から見ても、西洋に敵対的になるような体験がなく、流血を伴うような西洋に対する反植民地闘争も起きていない。東部地中海沿岸および北アフリカ諸国の西洋に対するアプローチの仕方、つまり「依存と依存ゆえの反感」は、サウジアラビアと湾岸諸国のアラブ人にとっては無縁だった。外国人は湾岸のアラブ諸国に侵入はしたが、彼らは石油の採掘者たちだった。一九三〇年代以来、石油コンビナートの人員として、サウジアラビアには数多くのアメリカ人がいた。湾岸地域で外国人を見かけることはさらに多かった。イギリス人は一八三九年以来アデンを支配し、彼らこそが周辺水域および湾岸地域の事実上の支配者であり守護者だった。

湾岸のアラブ人と西洋人とのつきあいは長い。しかし、それはあくまで彼らの世界における流儀を逸脱しないつきあい方だった。彼らは西洋の規範に合わせて行動した西洋化したアラブ人よりも運がよかった。西洋化したアラブ人は、同胞に拒絶され、邪険にされた。湾岸のアラブ人にとって、西洋への怒りは自然にわきあがる類の感情ではない。砂漠のアラブ人から西洋の大国にひどい裏切られ方をしたという話はあまり聞いたことがない。そのような話をするのは、西洋の約束が果たされなかったことで、がっかりし、裏切られたと感じているパレスチナ人、レバノン人、そしてアフリカの人々である。東部地中海沿岸地域のキリスト教系アラブ人は、西洋に対する不必要なまでの思い入れを行ったが、彼らの立場は湾岸地域では特異なものである。湾岸地域諸国の西洋諸国との貿易は盛んだが、あくまでアラブ流のつきあい方をしている。彼らが外の世界に足を踏み入れることもあるが、祖国に戻ってくれば文化はほとんど以前のまま保たれている。サウジアラビアで働く外国人は大勢いる。ある若いサウジアラビア人は、サウジアラビア人は国内にいる四百万の外国人と区別するために伝統的な身なりをしている、とさえ言う。外国人は特定の仕事のためにサウジアラビアにいるわけで、サウジアラビアの人々の行動規範や習慣にあわせる。これがパターンだった。

フセインの賭けは失敗する

かつて万事良好に事が運んでいた時代には、ヤギの皮に空気を入れて膨らませたカラクといういかだ作りに依存していた町、ティグリス渓谷にあるティクリットから身を起こし、すべてを掌中に収めたサダム・フセイン。彼は湾岸地域の覇者になろうと試み、二つの川にはさまれた地域に新しいアラブ権力の中心を築き上げようとした。これはアラブ・イスラム圏の政治を支配しようとする戦後三度目の試みである。最初がナセル、二番目がホメイニ、そして三番目がサダム・フセインだ。だが彼の賭けも成功する見込みはない。あまりに残虐・無神経で、大胆不敵だったために、彼の野望を打ち砕くべく反サダム連合が結成された。この連合には、シリアのアサドのようなサダムの仇敵だけでなく、アメリカ人、フランス人、サウジアラビア人、クウェート人、エジプト人など、サダムが秩序維持に貢献していたときには彼を支援していた人々も参加している。

サダム・フセインの賭けに対抗して、今回サウジアラビアはこれまでになく毅然とした態度をとった。これまで時勢に迎合する構えをとっていた国家が勇気ある選択をした。サウジアラビアは、ヨルダンとイエメンを敵対視し、ソビエトと国交を正常化し、アメリカと深い協力関係にあることを対外的に認めた。サウジアラビアや湾岸諸国が、一夜にして軍事国家に変貌することはありえない。しかし、彼らは戦う構えを見せている。湾岸世界には従来二つのやり方があった。サウジアラビアのやり方と、クウェートのような独立独歩のやり方だ。クウェートは、いわば甲板にうまく設置されていない不安定な大砲のようなものであり、アラブ・ナショナリズムの敬虔さを信じており、サウジアラビアのやり方を踏襲するとはあまり考えられなかった。だが今後、湾岸諸国はこれまで以上にサウジアラビアを中心に動くことになるだろう。内側からの脅威の方がこれまでになく破壊的になっている以上、湾岸世界での小さな意見の食い違いなど問題にされないだろう。

「従兄弟と対抗するために私は兄弟と結託し、またよそ者に対抗するためであれば、従兄弟とも結託する」というアラブの格言がある。おそらくこれは現実的指針というよりは希望的観測かもしれないが、イラクによるクウェート侵攻は、この格言が示す叡智を完全に打ち崩した。サウジアラビアと湾岸諸国は、この内なる脅威に対抗し、彼らの世界（富、独立、独自の政治スタイル）を守ろうとアメリカと手を携えた。数年前の一九八〇年代半ばの段階では、サウジアラビアはアメリカからの兵器調達を減らそうと、トルネード戦闘機をイギリスから、地対地ミサイルを中国から購入していた。彼らは、サウジアラビアの兵器購入をめぐって生じるアメリカ議会の紛糾に嫌気がさしていたのだ。こうしてリヤドは調達ルートの多角化を図り、アメリカ以外の兵器輸出国との関係を築こうとした。アヤトラ・ホメイニの「原理主義」の叫びによって、湾岸地域にも反米感情が渦巻いていた。だが、湾岸危機が発生すると、この遠くの超大国との「特別な関係」によってサウジと湾岸諸国は危機を乗り切ることにした。

湾岸での旧秩序は幕を閉じた。現在「新しい政治秩序」が話題にのぼっているが、それがどのようなものになるかは誰にもわからない。しかし、大国（アメリカ）が湾岸の見張り番役を果たすことだけは確かだろう。皮肉にも、その大国とは、軍事力はもはや過去のものとなってしまったという結論を自ら出しかけていた国だった。アメリカは、湾岸での軍事行動に関し、クウェート、サウジアラビア、アラブ首長国連邦、ドイツ、日本、韓国からの財政支援に依存することで、その関与を過度に拡大しすぎている部分があるかもしれないが、侵略国イラクと、近隣に位置する富と資源を持つ社会の間に盾を提供しているのはアメリカだけだ。アメリカの行動に批判的な人々は、現在実施されている「砂漠の盾」作戦は超大国を金で雇っているようなものだ、というかもしれない。しかしアラビア半島と湾岸への米軍展開と、アメリカを中軸とする多国籍軍は、サダム・フセインのような侵略者の前にはひとたまりもない状況にあった諸国家とその秩序を守る唯一の有効な策だった。

湾岸におけるこの新しい政治秩序について、一つだけはっきりしていることがある。それは、当面の間、イラクは隔離され、監視されなければならないということだ。イラクが目指す覇権確立の野望を阻止することに利害を有する二つの地域パワー、つまりシリア、そしてイラクに匹敵する人口と軍事的可能性を持つイランの支援を確保できれば、イラクへの対抗勢力を形成できるかもしれない。たしかにイラクに対抗するのは、これら二カ国自身の利益にも合致する。しかし、これら二カ国をイラクに対抗させるために、アメリカがイランを革命前の平穏な状況に戻そうと躍起になったり、イラン、シリアの野望と問題点に目をつぶったりするのは得策ではない。サダム・フセインが脅威と化したのも、元をただせば（イランとのバランスを形成するために）、イラクの抱える問題点に目をつぶってしまったことが原因なのだ。イラン革命の混迷に対する盾として、皆がこぞってサダムの好きなようにさせてしまった。しかし少なくとも、イランがより「普通の」国家に戻るのであれば、それを受け入れるだけの懐の深さを持つべきだろう。

だがイランとシリアが登場した場合でも、湾岸の王国とイラクとの間に緩衝地帯（バッファー）を作る必要がある。バッファーを形成するのは、米軍、あるいは、アメリカを中核とした多国籍軍でなければならない。湾岸諸国には、他国の侵略を防ぐために必要な最低限のアメリカの軍事関与が必要だろう。それが長期的な関与となる可能性もある。多国籍軍という旗の下、アメリカの軍事プレゼンスの「旗のつけかえ」を行うこともできるだろう。そうすれば、アラブ・イスラム勢力にとっても、この秩序維持システムに参加することが政治的また文化的にも容易になる。イラクが撤退しても、クウェートは秩序維持のための外国軍の駐留を要請するだろう。実際、クウェートは、周辺地域における「警戒すべき状況」を認識したときに、他国からの支援を得ることができなかったという苦い経験をしている。

これまで、アラビア半島への外国軍の駐留など認められるはずがないと考えられてきた。

サウジアラビアが外国軍を受け入れるはずはなく、アメリカにできる最善は、サウジ国内に大量の兵器を配備しておき、必要が生じたときにはいつでも戻れるような準備基地を建設することだと考えられてきた。しかし、こうした一般通念は、イラクが軍事的に台頭し、中東地域における覇権を追い求めたことによって覆された。このドラマの第一幕は今後の展開をある程度予見させるものであり、当初の予想に反し、これまでのところ、サウジアラビアは米軍駐留を「屈辱」であるとは感じていないようだ。

だが、軍事駐留の細部やその妥当性をめぐる議論以上に踏まえておくべき、より広範な問題がある。それは、湾岸諸国が、湾岸をとりまくアラブ世界全体の失敗の言い訳として、各国のスケープゴートとされつつあることだ。アラブ・ナショナリズムの戦闘的理論や「持てるものと持たざるもの」に関する議論が、実際には、たいした軍事力もなく人口も少ない湾岸諸国をとりまく周辺国の貪欲さの言い訳とされつつある。

湾岸諸国は問題を避けようと、これまで常に国の安全のためにコストを支払ってきた。しかしサダム・フセインは、強奪を通り越していきなりクウェート併合という行動に出た。湾岸およびアラビア半島の人々には、飢餓の時代の記憶がある。当時は、サウジ王国のナジュドのエリートでさえも北の港湾都市バスラに労役にいかざるを得なかった。クウェートの首長が銀のパイプを回して石油のパイプライン輸送をはじめ、単なる港町を人々の羨望の的に変えたのは一九四六年になってからである。それ以前は、真珠とりのダイバーと漁師しかいなかったこの町の歴史は苦難と剝奪に彩られていた。北部には川があり、農業が栄え、発展した都市があった。その一方で湾岸とアラビア半島はタンパク源をイナゴに頼らざるを得ない状態にあった。だが、「持たざるもの」が産油国を罵倒するいまとなっては、これらはすべて過去の話だ。湾岸諸国および湾岸諸国と関係する外国諸国は、今後、こうした根深い反発の渦に引きずり込まれることを覚悟しておくべきだろう。

サダム・フセインがクウェートに侵攻したとき、アラブ世界には、危険なまでに短絡的な思想が蔓延していた。すなわち、現実政治を前に徘徊するアラブ・ナショナリズムの破滅的思想、悠久の昔から存在するスンニ派対シーア派の対立、アラブ、イスラエル問題の袋小路を打破するための野蛮な考え、西洋に憧れるがゆえの反感、そしてうまく行かないことすべてを湾岸諸国のせいにしてしまいたいという願望である。イラクの独裁者はこれらの考えや反感を汲み取ることで、恐るべき道具にしてしまった。サダム・フセインを牽制する軍事的手段を持っているのは主にアメリカと多国籍軍かもしれない。しかしサダム・フセインがむさぼっていた夢と妄想を打ち崩すための戦いは、実際にはアラブ人自身のための戦いなのだ。

サダム・フセインは追放できるか

The Rollback Fantasy

ダニエル・L・バイマン
ランド・コーポレーション、リサーチ・ディレクター
ケニース・M・ポラック
米外交問題評議会・国家安全保障問題担当シニア・フェロー
ギデオン・ローズ
外交問題評議会シニア・フェロー兼国家安全保障プログラム副議長

サダム追放論の台頭

四十年前の話。第三世界のある独裁者がアメリカにとって非常に大切な地域の利益を脅かしていた。(米軍) 侵攻に必要なコストを支払うことにも、封じ込めで解決を図ることにも

乗り気でなかった当時のワシントンの政策決定者たちは、コストもかからず、簡単に実施できる第三の道があると確信した。彼らは独裁者の国の反政府勢力を支援することを考えた。反政府勢力の活動がおそらくは民衆蜂起へと結実し、政権を転覆させる、と。だが、その結果起きた、キューバ人亡命者（とキューバ国内の反政府勢力）によるピッグズ湾侵攻作戦は、アメリカの外交史上最悪の大失策となった。

信じられないことだが、いまやワシントンの外交サークルの間では、イラク国内の反政府勢力を利用してサダム・フセイン政権を転覆させようとする、キューバ侵攻作戦まがいの考えがホットな話題の一つになっている。

議会の指導者や元政府高官にはじまり、『ウイークリー・スタンダード』、（保守派オピニオン雑誌の）『ナショナル・リビュー』『コメンタリー』から（リベラル派の）『ニュー・リパブリック』『ニューヨーク・タイムズ』『ワシントン・ポスト』、そして（左派的な）『ネーション』のコラムニストに至るまでが、クリントン政権は現在の（封じ込め）政策をやめて、イラクの反政府勢力支援策をとるべきだと主張している。

イラク国内の反政府勢力へのより強い支持を求めた最近の書簡には、三人の共和党系元国家安全保障担当補佐官、三人の共和党元国防長官、そして七人の次官級の元政府高官が名前を連ねていた。さらに、この路線の支持者のなかには、クリントン政権一期目にＣＩＡ長官を務めたジェームズ・ウールジーも含まれている。議会も、イラクの民主的抵抗グループに九千七百万ドルの軍事援助を認める「イラク解放法」をあわただしく承認した。現政権の高官たちが特にこの路線に積極的なわけではない。しかし、クリントンは議会と対立するよりも、法案に署名するほうを選んだ。昨年十一月に国連の査察絡みでイラクとの対立が再燃すると、大統領自身、「イラク国内の現状変革勢力へのエンゲージメント」を強調することでこの路線に加担し、イラク市民を抑圧するのではなく、「人々を代弁し尊重することにコミットする新たな政権がバグダッドに誕生する」のを助けると表明した。

このいささか熱を帯びた状況の背景にあるのは、アメリカは、サダム・フセイン体制の継続を拒絶し、反体制派が現政権に取って代わるのを助けるべきだ、とする単純な考えである。「ここにおける戦略は封じ込めではなく、巻き返しでなくてはならない」と上院院内総務のトレント・ロット議員（共和党、ミシシッピ州選出）は主張した。ポール・ウォルフォウィッツ前国防次官も『ニュー・リパブリック』誌に寄せた記事で次のように指摘している。「湾岸地域が安定し、安全が保障されていることがアメリカの死活的利益であり、この利益を守る唯一の方法はサダム・フセイン政権の追放である。なぜなら、現代における暴政のスタイルとしては珍しく、イラクの体制はサダム・フセインその人を意味するからだ。……イラク市民の大多数は彼が政権の座からいなくなることを望んでいるが、問題は、公然とその希望を口にすれば死が待っていることだ。われわれは彼らを助けるべきだ」

多くの人が指摘するとおり、たとえアメリカの地上軍を投入しなくても、サダムを追放するのにそれほど手間はかからないだろう、とウォルフォウィッツは言及し、もしクリントン政権が「目的実現に必要なものが何であるかを認識すれば」サダムのいない世界をつくるのは可能である、と議会で証言した。

これに対する反論は、それが真実でないということに尽きる。仮に巻き返し戦略が好ましいとしても、それが真剣な政策とみなされるには、次の三つの条件をクリアしていなければならない。

それは、軍事的に可能で、作戦遂行にその協調をとりつける必要がある同盟諸国の意向にもかなない、しかもアメリカ大衆が受け入れるものでなくてはならない。イラク国内の反政府勢力を主軸とする、現下の巻き返し戦略プランのすべては、これらの点を満たしていない。つまり、いかさままがいの処方箋を、現在の政策よりも優れていると主張して採用を求める人々は、希望的な観測に頼っているか、斜に構えて政治的駆け引きを行っているにすぎない。いずれにせよ、アメリカがイラクへの政策を封じ込めから巻き返し戦略へと転換するのは大きなあやまちで、そのようなことをすれば数千の人々の命がいとも簡単に犠牲になってしまうだろう。

反政府勢力への支援と空爆作戦

イラクの反政府勢力への支援を求める見解が人々に与える印象とは逆に、簡単に実施できる単一の巻き返し戦略など存在しない。一口に巻き返し戦略といっても、そこには三つの競合するアプローチがある。つまり、空軍力を用いてサダム・フセインを追放すること、反政府勢力がイラクの大部分を掌握するのを助けること、そして反政府勢力によるゲリラ戦を支援することだ。

第一の米空軍力を用いた作戦の場合、サダム・フセイン政権に対する（地上での）軍事作戦のために、イラク国内の反政府勢力を支援する必要が出てくる。ここでの問題は、大規模な空輸作戦のほぼすべてを、かなりのコストを負担しつつ、なおかつ確実な成功の見込みのない状態で、アメリカが一手に引き受けなければならないことだ。

空軍力を投入する場合、アメリカはイラクの反政府勢力が限定的通常戦争のために数万単位の兵士をリクルートし、訓練を施し、装備するのも助けなければならない。さらに、反政府勢力の地上での戦闘の準備が整った段階で、イラクの戦闘部隊編成、後方支援システム、指揮系統、後方部隊を破壊するための空爆も必要になる。空軍による猛攻撃の後に反政府勢力の武装勢力が正面からゆっくりと前進し、イラク軍が地上での戦闘に集中せざるを得ない状況をつくる。そうすれば、イラク軍は、より格好の空からの攻撃対象となる。受けに回ったイラク軍が後退するか、編成を崩せば、反政府勢力がより多くの領地を占領し、ほぼ抵抗を受けることなくバグダッドへ進み、新たな政権を樹立する（これがシナリオである）。

たしかに、この計画には二つの長所がある。第一に、イラク軍を敗北させるのが難しく、アメリカの大がかりな支援なしでは反政府勢力が目的を達成できないことが正しく認識されていること。第二に、これがアメリカの同盟諸国にとって受け入れ可能なシナリオであることだ。

アメリカが最後までやり通すという決意が自明となれば、サダム追放策に共同歩調をとると同盟諸国もしばしば表明している。ヨーロッパ、中東のアメリカの友好国は、最近の危機では武器使用に一般的に反対したが、それでも地域的な安定が大きく損なわれず、国境線が変更されないのであれば、サダムが追放されるのは好ましいと考えている。もしアメリカが強く主張すれば、同盟諸国もサダム政権を倒すことを簡単に受け入れるだろう。

だが、このアプローチの問題点は、アメリカによる相当の空爆作戦が必要で、その場合でも、反政府勢力が勝利を収める可能性が低いことだ。現在、イラクの通常戦力がひどく弱体化し、アメリカやその他の欧米の戦力を前にすれば、形ばかりの抵抗を示すのがやっとなのは事実だ。しかし、そうしたイラク軍も、国内の反政府勢力からすれば侮りがたい強靭な軍隊だ。現在イラク軍は、共和国防衛隊（RG）と大統領警護隊（SRG）を含めて、四十万の兵力で構成されている。これに加えて、サダム・フセインは二千台の戦車と二千百の大砲を保有している。軽武装の反政府勢力がこうした戦力、特に共和国防衛隊との戦闘で勝利を収める可能性はほとんどない。

したがって、この計画を成功させるには、アメリカが空爆作戦を通じて、イラク軍のすべてを抵抗できないほどに叩くことが不可欠になる。それには、数カ月に及ぶ大規模なコストのかかる作戦を実施しなければならず、その規模は、おそらく九一年の湾岸戦争に近いものになるはずだ。*

アメリカ市民がサダム・フセイン政権に強く反発しているとはいえ、明確な戦闘目的がない状態で、長期に及ぶ血なまぐさい作戦を支持することはおそらくありえない。アメリカの挫折を回避するという目的が、戦闘続行の強い動機になるはずもない。

空爆作戦だけで相手を屈服させたためしはない。九一年の「砂漠の嵐」作戦で手痛いダメージを受けていた時でさえ、イラクの部隊が分裂したり、集団で降伏することはめったになかった。実際に降伏したイラクの兵士たちは、一つには差し迫る多国籍軍の地上での攻撃に対する恐怖からそうした行動に出た。

だが、脅威という点では多国籍軍の足元にも及ばぬ反政府勢力を前に、降伏する兵士はいないだろう。さらに言えば、多くの兵士が千回を超える空爆にさらされていたにもかかわらず、共和国防衛隊のなかで降伏した師団は一つもなかった。端的に言って、アメリカの空爆作戦だけでイラクの地上軍が屈服し、反政府勢力の武装組織が抵抗も受けずにバグダッド入りできると論じるのは、最大限甘めに言っても実証できないし、厳しく言えば愚かである。

さらにこの計画では、イラクの各都市を現政権の軍隊の掌握から解き放ち、奪い取る必要がある。しかも、反政府勢力は、このための闘いをほぼ独力で行わなければならない。アメリカの飛行機やミサイルで、近代的な都市のコンクリートジャングルに隠れているイラク地上軍部隊を壊滅させるのは困難だし、そもそも民間人の犠牲者が出ないように配慮するのがアメリカの鉄則である以上、都市を攻撃するのはほぼ不可能だからだ。

仮に共和国防衛隊の師団が相当に弱ったとしても、反政府勢力の部隊が都市部で彼らを相手に勝負を挑んだところで勝ち目はない。アメリカが反政府勢力を助けようとして、いかに大規模な空爆を実施しても、反政府勢力は地上で敗れ去るだろう。

最後に、空爆作戦をとれば、サダム・フセインは最後の切り札である生物化学兵器を持ちだし、アメリカや中東の同盟諸国を標的に発射するかもしれない。湾岸戦争の時でさえ、サダムはこの最終兵器に頼らなければならないほど、追いつめられたとは感じていなかった。だが、じわじわと彼を追いつめれば、サダムは自制心を失って、手中の兵器をすべて表舞台へと引きずりだすだろう。

端的に言って、この計画はイラクに対する先制・予防戦争として唐突に登場し、しかも米軍の代わりに反政府勢力の部隊を利用しようとするものだ。たとえサダム・フセインにまつわる諸問題を一気に解決する策として提示されたとしても、作戦にかかるコストとリスクからして、この計画は支持されないだろう。最大のセールスポイントであるこの作戦への決意や確実性が疑問視されるようになれば、支持は大きく揺らぐ。

しかも、反政府勢力が敗れた後に、ホワイトハウスは困難な決定に直面させられる。つまり、政権の座から追われずにすんだことをサダム・フセインが祝うのを放置するか、あるいは瓦礫が舞うまで不毛な空爆を続けるか、それともバグダッドを占領するために米軍を投入するか、という選択である。こう考えると、空軍力に依存して巻き返しを試みるのは考えられぬほどに大きなリスクを伴い、箱に閉じ込められるのはバグダッドではなく、ワシントンのほうになるだろう。

飛び地形成戦略

巻き返し戦略の第二のアプローチ（つまり飛び地形成戦略）の場合、アメリカは、イラク国民会議（ＩＮＣ）という総称で知られるさまざまな反体制グループが、イラク領土の一部を確保し、この地を拠点に彼らがサダム・フセインの統治を揺るがせるように支援する必要がある。

しかし、この計画は軍事的には失笑ものだし、最終的にはアメリカの直接介入か、大規模な流血の惨事に至るのは目に見えている。

飛び地形成戦略をとるには、アメリカはＩＮＣが正統政府であると宣言し、イラクの凍結資産をＩＮＣに提供しなければならない。さらに、ＩＮＣが、一万から二万の兵士からなる、高度な機動性をもつ歩兵連隊を組織するために、人員をリクルートし、訓練し、装備するのも助ける必要がでてくる。この場合、人員のほとんどは元イラク軍の兵士ということになろう。

態勢が整ったら、まずイラク北部のクルディスタン地方に侵攻し、この地を占領するとともに、ユーフラテス川以西のすべてと北緯三二度線以南を同様に占領して「自由イラク」の誕生を宣言する。アメリカはこの地域への経済制裁を解き、イラク側の反撃からこの地域を守るために空軍力を行使する。ＩＮＣ側は、（現体制からの）亡命者のために安全地帯を提供し、サダム・フセインが掌握する地域をメソポタミア川峡谷、バグダッド、北西地方の一部へと狭めて追い込んでいく戦略をとれば、イラクの現政権は解体するか、あるいは少なくともＩＮＣの軍事作戦に対して脆くなる、とみている。

この作戦の全体コストは低く収まり、一年か二年程度で終わる。アメリカの直接的な軍事介入もわずかですみ、多くの米兵の命が失われる危険はない。これがＩＮＣ側の言い分だ。九八年春、ＩＮＣ議長のアハマド・チャラビは上院の公聴会で次のように証言した。

「サダム・フセインの戦車に脅かされることのない基地をわれわれＩＮＣに与えてほしい。解放された人々に食料を与え、住居を提供し、世話をするための一時的な支援も必要だ。そうすれば、自由なイラク、大量破壊兵器のないイラク、市場経済体制をとるイラクが、あなたたちの前に誕生するだろう。とりわけ大切なのは、ＩＮＣがこれを市民の自由のために実現しようとしていることだ」

この計画がわずかのコストで大きな利益を約束しているため、（封じ込めに終始する）議会やホワイトハウスに批判的な人々は、この提案を強く支持した。実際、これがアメリカの大衆にとっても、お気に入りの計画になる可能性は十分にある。

問題は、ＩＮＣの計画が多くの欠陥をもち、非現実的であるため、この提案を受け入れて現実に実施すれば、間違いなくピッグズ湾の二の舞いになることだ。結局、アメリカ政府は、直接介入するか、あるいは九二年から九六年にかけて北イラクでＩＮＣが最後の反乱を試みた時のように、反政府勢力が惨殺されるのを放置するか、という選択に直面させられることになる。

中東研究所のアンドリュー・パラシリティは、「ＩＮＣは、（イラクの）ユーフラテス川沿いよりも、（ワシントンの）ポトマック川沿いでのほうが人気がある」とみている。反政府勢力の戦力といっても、現在その九九％は北部で活動しているクルド人武装勢力のことにほかならない。つまり、マスード・バルザニ議長率いるクルド民主党、ジャラル・タリバニ率いるクルド愛国同盟だ。そして南部で活動しているシーア派の武装集団であるイラク・イスラム革命最高評議会も反サダムの立場を取っている。だが、これらの組織の指導者たちは、ＩＮＣと協調する用意はあるが、その主導権に従うつもりはないと公言している。

問題は、彼らがもはやＩＮＣは反政府の大義を失ってしまったと断言していることだ。実際、昨年九月、バルザニとタリバニは米議会の指導者との会談要請を一度は受け入れたものの、チャラビも招待されていることを知ると、それをキャンセルした。

内輪もめしている国内の反政府勢力はさておくとしても、この地域でのアメリカの同盟諸国が計画に強く反対している。クウェート、サウジアラビア、ヨルダン、トルコは、勝利を不動のものとするような米軍事力の行使を伴うものでない限り、巻き返し作戦には断固反対するという姿勢をとっている。中途半端な努力は失敗するだろうし、結局、サダム・フセインに報復される羽目になると恐れているからだ。

この計画のもう一つの問題は、軍事的に不可能なだけでなく、危険きわまりないことだ。仮にクルド人勢力が北部を掌握できたとしよう。だがINCの計画は、南部、西部の境界線ほぼ千キロの警備のために一万から二万の軽装備の部隊が必要だとしている。だがこれは、担当領域と戦力のバランスからみてまったくばかげた試算である（アメリカの軍事ドクトリンでは、わずか十五キロから三十五キロの軍事境界線［前線］の警備にさえ二万人規模の装甲師団が必要だとされている）。この八年間の現実とは逆に、イラク軍全体が仮に積極策に出ないとしても、それでも反政府勢力は七万の共和国防衛隊と二万五千の大統領警護隊の攻撃に遭遇する。つまり、反政府勢力は、装甲部隊も持たずに、人員面でも五対一の劣勢のなかで、広大な地域を守らなければならないことになる。

さらに、イラク国内に飛び地を形成する戦略をとった場合、仮に反政府勢力がユーフラテス川に達し、三二度線を確保すれば、その後、戦闘の時と場所をめぐる決定権を握るのはサダム・フセインになる。その場合、アメリカの空軍力の支援をもってしても、反政府勢力を守りきれないだろう。というのも、イラク軍の行動を阻止するアメリカの軍事能力が著しく低下する天候不順の時や夜間に政府側が攻撃してくるかもしれないからだ。

ここでは、反政府勢力が掌握していた北部の町イルビルに対するイラク軍の一九九六年の攻撃が示唆に富むだろう。イルビルは、イラク政府がアメリカは空軍力によってここを防衛するつもりではないかと懸念していた町だった。だからこそ彼らは、戦力を注意深く編成して夜間に攻撃をかけ、夜明けまでにＩＮＣやクルド人勢力を粉砕して、次の日にはすみやかに撤退し、これをワシントンに「既成事実」として示したのだ。

アメリカ軍といえども、全天候型の爆撃機の数は限られている。当然、反政府勢力に対する攻撃にすみやかに対応できるように、そうした爆撃機を湾岸地域に集中配備するのは不可能だ。そしてこの状況が、サダム・フセイン打倒に必要とされるであろう数カ月、あるいは数年間に変化するとも考えられない。

さらにイラク南部では、ＩＮＣが想定する波状的な民衆蜂起を起こすのは難しい。南部の平坦な砂漠地帯は、イラクの装甲部隊が威力を発揮するにはうってつけの場所だし、ユーフラテスの南西部は人口分布がまばらだからだ。

反政府勢力が新たな兵士をリクルートすべき都市は、イラク第二の都市であるバスラだが、政府がこの都市を死守しようとするのは間違いない。イラク政府は、三万の兵力からなる三個師団をこの都市を囲むように駐屯させ、数日間でこの地に到着できる地域にさらに三個師団を配備している。忠誠心の強い一万から一万五千の兵力の部隊をさらにこの都市の防衛のために動員することもできる。一方われわれが空軍戦力を都市部にはそれほど大胆に行使できないことを考えれば、バスラは克服しがたい障害となる。小規模なＩＮＣの武装勢力は、（人員を充実させないことには）この都市を攻略・確保できない。この街を攻略しようと試みれば、間違いなく壊滅する。

飛び地形成戦略にわずかでも成功の見込みがあるとみなすには、次に指摘する「前提」のうち少なくとも一つが正しいことが立証されなければならない。第一が、イラク政権と軍部が深刻な脅威に直面して分裂すること。第二が、大規模な戦闘で、経験に乏しく装備も十分でない反政府勢力の歩兵旅団が、重装備のイラク軍師団を打ち負かすことだ。

だが、この二つの前提はともに間違っている。湾岸戦争で、イラクの装甲部隊は三十九日間ほぼ間断なく爆撃され続け、イラク兵士の士気は完全に低下していた。それでも地上戦では、共和国防衛隊のような主要な部隊は例外的なまでに激しい戦闘を行った。こうした部隊は、湾岸戦争以後のあらゆる局面で勇猛果敢な闘いぶりを見せてきたし、イラク国内の反政府勢力に対しても同様の姿勢でのぞむだろう。しかも、ＩＮＣが攻勢をかけたとしても、その場合にはイラク軍をターゲットとする湾岸戦争時のような空爆作戦は期待できない。

ＩＮＣ側は軽武装の歩兵旅団でも、重装備のイラク軍装甲部隊を簡単に打ち負かせると考えている。もしこれが本当なら、世界の軍事力そのものを見直す必要がある。たしかに、アメリカの海兵隊やイスラエルの落下傘部隊のような、長期に及ぶ経験をもち、非常に優れた歩兵戦力であれば、軽武装で障害物のない戦場においても、二線級の装甲部隊であれば打ち負かせるかもしれない。

しかし、これは例外である。一般に歩兵部隊が戦車部隊に対抗するには、大規模な対戦車用兵器、大砲、装甲車、そして空軍力による支援が必要である。

第二次世界大戦以来、障害物のない地形環境での戦闘のほとんどにおいて、軽武装の歩兵部隊は月並みな装甲部隊によってさえ簡単に粉砕されてきた。今日に至るまで、イラクの反政府勢力による戦闘は、そうした過去の事例を積み重ねているにすぎない。九一年のバスラやキルクークでの闘い、そして九六年のイルビルでの闘いにおいて、イラク陸軍と共和国防衛隊は、クルド人、シーア派、ＩＮＣ派の軽武装の歩兵部隊の攻撃を簡単に粉砕してきた。

反政府勢力が成功したケースが一つだけある。九五年に大規模なクルド人勢力が第三十八歩兵師団の二つの旅団をイルビルから追い出した戦闘である。だが、この時のイラク軍部隊の士気は低く、戦力は消耗し、不意をつかれ、装甲車の数も少なく、大砲による支援もなかった。

にもかかわらず、ＩＮＣ派は、八六年から八七年に高度の機動力をもつチャドの軽武装歩兵部隊が、巧みな作戦行動によってリビアの装甲部隊を破ったケースを引き合いにだして、それと同じことをしてみせると勇猛果敢に主張する。だが、少し考えただけでも、チャドの勝利をイラクの反政府勢力が再現するのが不可能なのは歴然としている。

第一に、チャドは戦力面で有利だった。リビアがこの戦闘に一万三千以上の兵士を決して投入しなかったのに対して、チャドは一万の正規軍、三万の予備役をすべて動員できる状態にあった。

第二に、チャドの陸軍は、すでに長きにわたってともに闘い、かなり結束力の高い、実戦で鍛えられた兵士たちによって構成されていた。

第三に、チャドの軍事指導者たちは非常に優れていた。ヒセイン・ハブレは自分が第一線級の将軍であることを実戦で示し、その下にも、ハッサン・ジェモスのような優れた指揮官がいた。ジェモスは非常に優れた指揮官で、欧米の軍事専門家は彼をロンメルと比較さえする。

第四に、チャド人はそもそも作戦上の駆け引きがうまかったし、八〇年代半ばにアメリカやフランスから導入した新型の装甲車やトラックによって、迅速な移動と重層的な包囲形成を核とする伝統的な部族抗争の戦術に立ち返っていた。現代の作戦行動を効かした戦術からみても、この伝統的戦術は理にかなっている。

第五に、八六年当時のリビア軍は、世界でも最も無能な軍隊だった。もちろん、イラク軍も第一線級とは言いがたいが、反政府勢力に比べれば、はるかに闘い方を心得ている。経験や訓練面でも優れている。

チャドの成功は、この五つの条件をすべて満たしていたが、ＩＮＣは何ひとつ満たしていない。

実際のところ、ＩＮＣはまともな軍事組織などもっていない。過去の経緯がいささかでも指針になるのなら、ＩＮＣが数年にわたって訓練やリクルートを行ったとしても、力強い戦力を構築するのは無理と断言せざるを得ない。ＩＮＣが誇りうる最良の兵士とは、ガラクタの寄せ集め的な士気の低いイラク軍からの脱走兵で、彼らが、政治的な反政府勢力、クルド人、知識人、その他の反サダム派とともに武装勢力を構成しているにすぎない。クルド人勢力とは異なり、九二年から九六年までクルディスタン地方を拠点に軍事行動をとったＩＮＣの武装組織が数百人規模を超えたことは一度もなく、二、三年以上軍事活動に参加した者もほとんどいない。

さらに、ＩＮＣの指導層には、戦場の指揮官や能力のある指導者を見極める素質もないし、また現地指揮官の手腕を尊重する心得もない。イラク軍の軍事力がはるかに優る以上、ＩＮＣ勢力はそれを埋め合わせるためにも、戦術を駆使して、少なくとも作戦面では政府側を上回る必要がある。しかしながら、ＩＮＣは武装組織の上層部をイラク軍からの離脱組で埋めるつもりだ。こうした脱走兵たちが、戦術面での自分の才能を突如として発揮する可能性は低い。

そのうえ、こうした変節者たちの多くが、実際にはサダム・フセイン側のスパイである可能性もある。そうであればこうした密告者たちは、反政府勢力の試みをかつて粉砕したように、今回もサダム追放の試みを粉砕しようとするだろう。ＩＮＣの軍事的無力さに依存するのは、すべての間違いのもとである。

ゲリラ戦は可能か

巻き返し戦略の三番目のアプローチ、つまりアフガニスタン的アプローチ（ゲリラ戦術）をとった場合、アメリカは、反政府勢力がアフガニスタンのムジャヒディン、ニカラグアのコントラ、あるいはベトコンをモデルにした反乱行動を組織するのを助けることになる。ゲリラ戦を成功させるには、反乱勢力に友好的な近隣諸国が積極的に聖域を提供することが不可欠だ。問題は、イラクの近隣諸国のなかで彼らに救いの手を差し伸べる国が見当たらないことだ。

このアプローチをとれば、アメリカは、反政府勢力が活動領域の隣に安全地帯（聖域）を確保するのを支援するとともに、サダム・フセイン政権に対するゲリラ戦を展開できるような戦力形成のために彼らが人材をリクルートし、訓練を施し、装備するのも助けなければならない。

ゲリラ戦は本質的に弱者の戦略である。それは、相手をゆっくりと消耗させつつ、自らの基盤をゆっくりと構築するやり方だ。まずは守りを固めて、膠着状態をつくりだし、その後攻勢に転じるという毛沢東の古典的三段階戦法に則って、反政府勢力もまず小さな抵抗から始め、勝利の見込みが出るまでは、通常の戦闘を避けるべきだ。数年にわたるゲリラ戦を経て、やっとサダム・フセイン政権を打倒し、この国を掌握する（これがシナリオである）。

外部からのコミットメントは穏当なレベルですみ、米兵に大規模な犠牲者が出る可能性はほとんどない。したがって、この計画であればアメリカは十分受け入れられる。米議会にはこれをレーガン・ドクトリンの九〇年代版として売り込むこともできる。

さらにこの戦略は、イラクより好ましい地形、環境だったとはいえ、毛沢東その他が現に立証したように、通常うまく機能する（政府軍に見つからないように身を隠し、食料を得る必要があるため、ゲリラ戦に適しているのは複雑な地形と人口がまんべんなく広がりをみせている地域だ。しかし、イラクのほとんどはそうではない）。

問題は、ゲリラ戦をうまく運ぶためにその協力が不可欠なアメリカの中東同盟諸国にとって、この計画が受け入れがたいことだ。ゲリラ戦を成功させるには、まず安全地帯が必要だ。ここで、反乱軍は新しくリクルートした人材を訓練し、負傷者の手当てをし、兵器や装備を格納し、新たな作戦を準備し、政府側が攻勢をかけてきた場合には後退して、戦力を組み直す。

ムジャヒディンにはパキスタンがそうした場を提供した。ニカラグアのコントラ勢力にはホンジュラスが、アンゴラ全面独立民族同盟には南アフリカが、ベトコンには中国そして後に北ベトナムがそうした安全地帯を提供した。しかし、現在のところ、イラクの近隣諸国で、反政府勢力にそうした便宜を図る国はない。反政府勢力が優勢にならぬ限り、イラク政府と公然と対決姿勢をとる用意のある国は存在しない。

安全地帯を提供しうる立場にある周辺国の意向は歴然としている。サウジアラビアの政府官僚たちは、イラクと永遠に戦争するつもりはないと繰り返し表明している。また、この件を別にしても、イラクに隣接するサウジアラビア国境一帯の人口分布はまばらで、ゲリラを組織するには適さない。

クウェートはサダム政権の打倒を心から願っているが、長期的に戦争状態を続けることには慎重な姿勢をとっている。さらに、この国のイラクとの国境地帯は無人の砂漠地帯だ。

これまで対サダム政策を支持してきたヨルダンも、自国の領土からイラクを直接攻撃することには断固反対してきた。この国の国境地帯もだれもいない砂漠地帯である。

シリアはこれまでつねに反サダム連合の煮え切らぬメンバーだった。湾岸戦争を含む、イラクに対する軍事攻撃に積極的に参加したことは一度もないし、その国境地帯もだれもいない砂漠である。

こう考えると、安全地帯を期待できるのは、トルコとイランだけだ。地理的にみれば、トルコは申し分ない。トルコとイラクの国境地帯は森林山岳地帯で人も住んでいる。しかし残念なことに、トルコはゲリラ勢力を迎え入れることを完全に選択肢から排除している。トルコ内と北イラクに反サダムの拠点を設けるとすれば、それがクルド人居住区になることを百も承知しているからだ。

トルコ政府はそうしたゲリラ勢力を支援すれば、クルド人の政治的野望を焚きつけ、国内のクルド人反乱勢力をますます勢いづかせるのではないかと懸念している。アメリカからの再三にわたる要請にもかかわらず、トルコ側はむしろサダムが権力の座にあるほうが好ましいとみているだけでなく、北イラクはイラク政府が掌握したほうがよいとさえ考えている。

最後に残されるのがイランだ。この国は、イラクでのゲリラ戦を支えるには理想的な場所だ。

事実、イランはこの四十年にわたってクルド人やシーア派の武装勢力に資金を提供してきた。イランとイラクの国境は山岳丘陵地帯で、森や沼も多い。しかも、数多くの村落コミュニティーが国境線を挟んで存在する。だが、アメリカとイランはとうてい良好と言える関係にはなく、反サダムのゲリラ戦への協力を取りつけようにもかなりの障害がある。

さらに、アフガニスタン的ゲリラ・アプローチのもう一つの問題は、それが効果をもつまでにかなり時間がかかることだ。

第一に、イラクでの長期にわたる消耗型のゲリラ戦に国際世論がしびれを切らすだろう。アメリカはしだいに国連その他で孤立するようになり、そうなれば現在サダム・フセイン政権を弱体に保ち、牽制している制裁措置や査察レジーム（枠組み）の維持を含む、他の外交政策にも影響を与えずにはおかない。

第二に、この戦略でサダム・フセインを最終的には失脚させられるかもしれないが、現在と近未来において、サダムが突きつける問題をいかに管理するかはまったく想定されていない。もしアフガニスタン・アプローチをとれば、アメリカは数年たっても、ゲリラ戦がいまだ効果をあげず、一方で国際的制裁のくびきからしだいに解き放たれたイラクが蘇生するのを目の当たりにすることになろう。

最後に、たとえアフガニスタン・アプローチが成功したとしても、新たな問題を内にたたえるパンドラの箱を開けることになる。サダム・フセイン政権を不安定化させることと、親米政府をバグダッドに樹立することは同じではない。イラクが不安定化すれば、いずれ軍部か治安部隊がクーデターを起こすだろう。だが、これが必ずしもＩＮＣやその他の親米派勢力による権力掌握の助けとなるわけではない。実際、イラクは内戦状態に陥るかもしれない。別の言い方をすれば、アフガニスタン流のゲリラ戦の結末は、アフガニスタン同様の混沌かもしれないのだ。

巻き返し戦略を封じ込めよ

アメリカとしては、サダム・フセイン追放のイニシアチブをとることもできないし、一方で彼が国際コミュニティーに復帰するのを受け入れるわけにもいかない。となれば、残された選択肢は一つ。批判されている現在の封じ込め政策に目を向けるしかない。

たしかに、クリントン政権を批判する勢力の言い分にも一理ある。現在の封じ込めの仕組みが破綻しつつあるからだ。国連による制裁措置の形骸化、そしてイラクの孤立状況がしだいに緩みつつあるために、いまやサダム・フセインは国内基盤を強化できる立場にある。国連の大量破壊兵器廃棄特別委員会（UNSCOM）による査察を拒絶することで、イラクは大量破壊兵器プログラムの一部を温存している。もしイラクが孤立状況から完全に抜け出せば、彼はその他の部門の戦力も構築するだろう。したがって、イラクをめぐってアメリカが本当に直面している切実な課題とは、より優れた選択肢を求めて封じ込め政策を捨て去るのではなく、むしろ現在の政策をいかに活性化させるかである。

方法は二つあり、ともにかなりの努力を必要とする。

第一のアプローチは、制裁、査察、(国連決議から逸脱する）不法行為への懲罰、外交的孤立化策など、多方面にわたる現在の封じ込め政策を続けることだ。そのためには、国際的な反サダム連合を強化し、北大西洋条約機構（NATO）拡大、コソボ（ユーゴ）、イラン、経済援助、国連分担金その他の問題で妥協することで、一筋縄ではいかない中国、フランス、ロシアを含む国際コミュニティーから新たな協調を引き出す必要がある。

さらにアメリカは、サダム・フセインの挑発に対して、定期的に恫喝策か軍事力を行使しなければならなくなる。サダム・フセインに条件をのませるために、必要なすべての軍事ステップをとらざるを得なくなる。端的に言って、クリントン政権はイラクを外交課題（アジェンダ）の最優先事項とし、当面の間、イラクを最優先に扱わなければならない。当然、サダム・フセインを箱の中に閉じ込めておくには、かなりの外交資源も投入しなければならない。

　第二のアプローチは、多方面にわたる封じ込めから、限定的封じ込めへと移行することだ。このシナリオの場合、国連が、イラクによる大量破壊兵器開発や、戦車、大砲、戦闘機、攻撃用ヘリコプターなどの先端通常兵器の獲得の禁止を新たに決議し、これと引き換えに、アメリカが旅行の禁止や「飛行禁止空域」とともに、経済制裁の解除に同意する。この条件を間違いなく守らせるには、国連の新決議はＵＮＳＣＯＭによる査察を新たに開始し、イラクの輸入品を包括的に監視するとともに、条件を守らせるために国連の加盟諸国がいかなる措置も実施できることを明確に宣言しておく必要がある。アメリカは、サダム・フセインによる大量破壊兵器開発計画と通常戦力による危険な軍備増強をやめさせるのに必要な、今後の攻撃へのある種の白紙委任をとりつけ、それと引き換えに、現在の封じ込め政策のなかで評判の悪い要因を排除する。これが構図である。

　どちらの方法を好むにせよ、イラク国内の反政府勢力への支持はアメリカの政策の一つの要因になりうるし、またそうあるべきだ。だが、あくまで反政府勢力への支持は、封じ込めに取って代わるものではなく、それを補完するものという明確な理解の下になされるべきである。反政府勢力に限定的な軍事、政治、経済支援を与える。そうすれば、サダム陣営にとってはgokaiなはずだし、先に指摘した巻き返し戦略に伴う問題も回避できる。そうしたアプローチは政治、外交、軍事的に実施可能だし、アメリカの目的のかなりの部分を実現へと導くだろう。

限定的封じ込めの環境整備を

ここでのカギは、ワシントンが壮大な目的に幻惑されることなく、一方では国内の反サダム勢力を強化できるかどうかだ。イラク解放法が間違っているのは、反政府勢力への軍事援助を認めているからというよりも、むしろ非現実的な期待を膨らませ、どのグループを支援するかを過度に制約している点にある。

まず最初に、一九六八年にバース党政権がイラクに誕生して以来、政府を相手に闘いを挑んでいるクルド人の武装勢力を援助すべきだろう。最近では、クルド愛国同盟とクルド民主党は、不安定ながらも相互和解を果たして北部イラクでの各自の勢力圏を確立し、互いに殺し合うのではなく、サダム・フセインに対する抵抗に専念している。また、過去における裏切りにもかかわらず、クルド人はアメリカと共闘することにも意欲的だ。ホワイトハウスは、クルド人にいくばくかの兵器、資金、その他、彼らが軍事的な強さを取り戻すのに必要な資源を提供することで、過去の埋め合わせとすべきだろう。

さらにアメリカは、イラク南部のシーア派も支援すべきである。ワシントンは、シーア派が原理主義であり、イランとつながっているために、最も影響力の強いＳＡＩＲＩ（イラク・イスラム革命最高評議会）のようなグループと直接的な関係をもつのを嫌がっている。たしかにワシントンは、より穏健な勢力を武装化支援や資金提供を通じて可能な限り強化すべきである。しかし、それでもＳＡＩＲＩへの支援も視野に入れる必要がある。その理由は原理主義をいくぶん穏健路線へと向かわせるからというよりも、穏健派のなかにはサダム陣営をうまく相手にできる勢力が少ないからだ。

ワシントンは、より広い支持基盤をもつ反サダムの国内民主勢力の育成にも力を注ぐべきだ。この点からみれば、ＩＮＣのプロパガンダは正しい。特に、アメリカがクルド人勢力とシーア派を別々に援助し、共通項をもたぬ反サダム勢力の分裂状況がそれでも正されるとすれば、それは（ＩＮＣの）傘下組織が大同団結した場合だけである。ワシントンは、猜疑心を抱く近隣地域の同盟諸国やイラクの主導権を握っているスンニ派に対して、アメリカは、イラクが共同体レベルの地域へと分裂するのではなく、統一を維持していくことを望み、スンニ派を抑え込んでクルド人やシーア派が覇権を握ることには反対していることを伝え、納得させる必要がある。

ＩＮＣが傘下にある集団を取りまとめていくのをアメリカ政府が望むのなら、まずＩＮＣそのものを強化すべきだ。そうすればＩＮＣの影響力が増し、より多くの兵士をＩＮＣの名の下に取り込めるようになる。アメリカは（最近つくられた「ラジオ・フリー・イラク」放送などを通じて）彼らのプロパガンダに手を貸し、資金を提供し、最終的には、軍備や軍事訓練を提供することも視野に入れて、彼らを助けていくべきだろう。だが、同様に重要なのは、ＩＮＣが無能な指導者を排除し、その構成メンバーを拡大・多様化するように仕向けるとともに、その他の国内の反政府勢力集団と前向きな関係を築くように働きかけることだ。

たしかにこの計画では、サダムを政権の座から追い落とすことはできないだろう。だが、それでも彼を慎重にさせ、制裁その他の現在の封じ込め政策が緩和された場合でも、箱の中に閉じ込めておける。さらに、この政策はイラクのエリート層の不満を助長し、サダム・フセインが内側から打倒される可能性を高めるかもしれない（事実、九〇年代初期にサダムが反政府勢力を抑圧しなかったために、クーデターが頻発し、彼の権力基盤が損なわれた）。

だが何よりも重要なのは、それがサダムの拡張主義を牽制することだ。イラク市民を代弁していると主張する正統性を備えた反政府勢力が国内にいれば、イラク市民に希望を与えるとともに、現政権に対するシンボリックな挑戦となり、サダムも対外的な侵略よりも国内の体制の維持に専念せざるを得なくなる。

反政府勢力への支援は、イラクのクルド人やシーア派が置かれている窮状を改善することにもなる。ワシントンは何度もクルド人勢力に反乱を起こすよう働きかけておきながら、その後見捨て、結果、彼らはバグダッドによってひどい目に遭わされた。一九七五年にはクルド人勢力を売り渡し、八七年から八八年のアンファル攻勢による大虐殺の時は傍観し、九一年の「砂漠の嵐」作戦の後はかたわらにとどまるだけで、九六年にサダムがクルド人包囲網を敷いた時も、形ばかりの空爆を実施しただけだった。

シーア派も苦しんでいる。シーア派勢力が断固としてサダムに屈服するのを拒んでいるため、イラク政府は南部の湿地帯に水が行かないようにし、シーア派を残忍な方法で抑圧している。反政府勢力を非現実的な冒険へと駆り立てないように配慮しつつ、ある程度の支援を与えれば、アメリカが彼らの生活にコミットし、反対運動を強化する手段を与える意思があることを示せるだろう。

反政府勢力を活動できる状態に保てば、今後のアメリカの進路にも幅がでてくる。多岐にわたる封じ込め政策が打ち切りになれば、その後に続くものは何だろうか。トルコはイランとよりいっそう協調するようになるか、アメリカの路線に従うかのいずれかの道を選ぶだろう。イランは事実上のアメリカのパートナーになるか、あるいは、サダム・フセインと組んで欧米の覇権に抵抗するだろう。いずれにせよ、反政府勢力の力を強力に保っておけば、バスラや北部の大都市で反乱が起きた場合など、状況が変わったときのアメリカの選択肢の幅を広く保てるし、長期的にみた場合のサダム追放の可能性も高まる。

アメリカの同盟諸国の一部は、反政府勢力と踏み込んだ協調路線をとることに反対するだろうが、この問題は克服できる。トルコは、イラクのクルド人に道徳的・物質的支援を行えば、クルド労働者党のようなトルコ国内での反乱勢力の活動を勢いづけることになるとみており、たしかにこの認識は正しい。したがって、アンカラ政府を安心させるには、ワシントンが政策の実施面でトルコに大きな発言権を与え、クルド民主党とクルド愛国同盟に彼らの目的がイラク国内における自治権の拡大であり、（トルコを含むクルディスタン地方の）独立ではないと繰り返し表明するように働きかけるべきだろう。

さらに、実際には（イラクの）クルド民主党はこれまでトルコがクルド労働者党を抑え込むのを助けてきたわけだし、支援してくれれば今後もトルコ政府側に立つということをアンカラに再認識させるべきだろう。それでもトルコが異論を唱えたらどうするか。思い切ってその他の領域の外交政策を妥協してでも、トルコを取り込むべきだ。

湾岸の首長諸国もこの路線を疑いの目で見るだろうが、彼らにしても、他の政策にはさらに乗り気でないはずだ。アメリカがサダム・フセインをクルド人勢力やシーア派に置き換えることなど望んでいないと彼らに保証する必要がある。クルド人勢力やシーア派でイラクを統治するのはそもそも不可能だからだ。反政府勢力へのアメリカの支持が封じ込めの一環であることを強く表明すれば、湾岸諸国も安心するだろう。彼らは、リスクを伴う新政策よりも、一般に封じ込め政策のほうを支持しているのだから。

アメリカの利益を促進する一方、関与を制限するこの政策は、アメリカ国内でも受けがいいと思われる。巻き返し戦略とは逆に、反政府勢力を新たな封じ込め戦略の一部にするのに、大規模な資金が必要なわけでも、さらなる軍事力の投入が必要なわけでもないからだ。

これまでの封じ込め政策はとかく耳障りで非現実的なレトリックへと肥大化したが、むしろ最大の危険は、これを回避しようと限定的封じ込め支持への訴えをあえて制限することかもしれない。もっとも、イラクの反政府勢力を活動させ、サダム・フセイン政権を悩ますに十分な支援を与えて、封じ込め政策を補完するこの政策が、メディアの大きな関心を引くことはないだろう。限定的な封じ込めが必ずしもアメリカが望むものを導き出すわけではない。しかし、この政策は必要なものを実現することを助けてくれるかもしれない。

＊イラクの現有兵力を控えめに見積もると、戦闘に従事できるのは二十三師団のうち十二の師団（六つの陸軍師団と六つの共和国防衛隊師団）だ。各師団は五百回空爆を実施すれば、うまく破壊できる。つまり、これら戦闘能力をもつ部隊を破壊するだけでも合計六千回の空爆が必要になる。さらに、イラクの軍事施設、後方支援システム、戦域指揮系統を破壊するにも、ほぼ同じ回数の空爆が必要になり、合計すると一万二千回の空爆が必要になる。これは湾岸戦争期に多国籍軍が同様のターゲットに行った空爆回数の半分を少し上回る程度だ。

しかし、イラク国内の反政府勢力の支援を目的に空爆作戦を実施するには、「砂漠の嵐」作戦の時にはそれほど重視されなかったターゲットにもかなりの関心を寄せる必要がある。アメリカは、軽装備の反政府勢力に対する重装備のイラク軍の反撃をやめさせるために、定期的に介入しなければならなくなるだろう。

一九九一年一月、重装備のイラク軍二個師団によるカフジでの反撃を粉砕するには千回の出撃が必要だった。やや希望的観測ながらも、アメリカの爆弾の威力が増し、イラク軍の士気が低下していると仮定しよう。それでも、同様の状況を覆すにはかつてと似たような作戦が必要になる。数多くの反撃を粉砕する一方で、状況を監視しつつ、さらなる反撃への対応を準備すれば、ほぼ「砂漠の嵐」作戦と同様の出撃回数が必要になる。

さらに空爆作戦の場合には、戦闘機による援護、敵の対空防衛網の粉砕、スカッドミサイルの破壊作戦、空中給油、輸送など、その他の戦闘・後方支援活動も必要になる。「砂漠の嵐」作戦では、イラクの地上軍を標的に二万二千回の出撃が行われたが、それは十一万一千回の空爆作戦の一部だった。

今回想定される作戦では、戦略ターゲットの幅が狭いため、湾岸戦争に比べその比率は低くなるだろうが、それでもより長期的に作戦を実施する必要があるため、結局それほどの差はなくなるだろう。アメリカ空軍は、反政府勢力が敵地に侵入し、攻撃できるように態勢を整えるのを待ちながら、イラクの部隊が壊滅するまで数週間にわたって叩き続け、その後も次々とイラク軍の編成を崩すために攻撃しなければならない。

作戦のペースは、反政府勢力が組織する部隊の強さや経験によっても左右されるだろう。イラクのターゲットと戦闘部隊編成を数カ月にわたって無力化し、分散した状態にしておく必要があるため、結局、この空爆作戦には八万回から十万回の出撃が必要になる。

イラク経済制裁の戦略的解除を
Getting It Backward on Iraq

F・グレゴリー・ゴーズ
バーモント大学政治学準教授

経済制裁を見直せ

　サダム・フセインに対する軍事的圧力と政治的圧力をいかにうまく連動させるか。これがクリントン政権の対イラク政策につきまとう最近のジレンマだ。一九九八年十二月のいわゆる「砂漠のキツネ」作戦では、短期間ながらも徹底的な空爆が実施され、その後、イラク北部とイラク南部の飛行禁止空域をパトロールする米英パイロットに認められた攻撃権限も拡大された。イラク側の挑発行為と、これに呼応してイラクの軍事目標を爆撃する同盟諸国による報復攻撃がほぼ連日繰り返されている。

　一方で、クリントン政権はイラク問題担当調整官にフランク・リチャルドンを任命した。

彼の任務は、イラク解放法からみて現状がどうなっているのかを監視し、サダムの打倒を目指すイラク国内の反政府集団の活動を調整・統合することにある。最近、リチャルドンとマーティン・インディク近東問題担当国務次官補は、イラク・シーア派の最大組織であるイラク・イスラム革命最高評議会（ＳＡＩＲＩ）の代表を含む反政府指導者たちと協議の場を公然ともった。ちなみに、ＳＡＩＲＩといえば、イランとのつながりゆえに、これまでクリントン政権が接触を避けてきた集団である。こうしたなか、現在アメリカ国内では、サダムを政権の座から追い落とすために米軍のさらなる投入を主張する人々と、現実的に取り得る手段はイラクを封じ込めることだけだと主張する人々の間で激しい論争が起きている。

しかし、こうした最近の行動や論争ゆえに、アメリカのイラク政策が直面している切実な問題が見えにくくなっている。現在、イラクでは（国連による）大量破壊兵器（ＷＭＤ）の開発およびミサイル能力の監視や査察は行われていない。国連大量破壊兵器廃棄特別委員会（ＵＮＳＣＯＭ）は事実上機能していない。すでに査察団は撤退し、長期的な監視システムもいまや放棄されている。

そうしたなか、アメリカはサダムの権力を弱めることも、彼の大量破壊兵器開発計画の進行を防ぐこともできない、足元のふらつき始めた経済制裁をいまも継続している。制裁措置は、サダムではなくイラク市民を、どうしようもない窮乏状態に追い込んでしまっている。比較的繁栄し、安定した中産階級が存在したかつてのイラク社会も、いまでは、なんとか生き延びようとする人々であふれかえる泥沼状態にある。ほとんどの人がその日暮らしの状態にあり、国連の石油輸出禁止の部分解除で得た資金で購入した食糧に頼っているありさまだ。かつてアラブ世界の羨望の的だったイラクの医療・教育システムも、いまは見る影もない。経済制裁による社会崩壊はそれ自体十分な悲劇だが、イラク内部の不満を大衆蜂起へ向かわせるという、そもそも見込みの薄かった可能性をも遠ざけてしまった。次の食事にありつくために必死になっている国民には、独裁者と闘う力など残されていないからだ。

どうやら、クリントン政権は国際的な監視と査察の停止という事態を受け入れ、サダム・フセインの脅威を、制裁と、より攻撃的な新軍事姿勢でなんとか管理していくつもりのようだ。だが、それでは順序が逆である。アメリカは制裁の大幅な見直しと引き換えに、イラクのWMD開発計画を監視・管理するために厳格な現地査察を復活させるという強硬な提案をイラクに突きつけたほうがよい。

制裁レジームの緩和提案には、最低でも次の三つの項目が不可欠である。第一にイラクの石油精製・輸出の制限の解除と、国際的石油企業との生産・採掘契約の交渉禁止の解除だ。第二に、石油価格が一バレルあたり十八ドル以下で推移していることが条件だが、現在イラクの石油収入の三〇％をのみ込んでいる国連湾岸戦争賠償基金へのイラクの拠出義務の一時停止を認めること。そして第三に、イラクによる食糧・医薬品の調達と分配状況の監視をやめることだ。一方、現レジームの他の要素はそのまま温存すべきである。例えば、イラクの石油収益の一部はこれまでどおり、再編され（そしておそらく改名され）るであろうＵＮＳＣＯＭ等の国連の活動資金として拠出させる必要がある。また、イラクの軍事機器および（軍事に転用可能な）デュアルユース・テクノロジー（二重技術）の輸入禁止措置は、今後も継続されるべきだし、イラクの軍縮を求める国連安保理決議（特にＷＭＤ関連）も再確認する必要がある。

もし受け入れられれば、事実上制裁を解く代わりに軍事査察を再開するというトレードオフによって、アメリカのイラク封じ込め政策への国際的支持も強化されるだろう。より厳格な査察を求めているとはいえ、筆者の提案はフランスが「砂漠のキツネ」作戦の後に国連で打ち上げた案に似ている。提案が現実となれば、イラクとの通商関係の再開を願うフランスやロシアの要望を満たすとともに、彼らにも認識を新たにイラクのＷＭＤ開発に歯止めをかけるべく努力するように強く求めることもできるようになる。また、サダムのアラブ世界へ向けての最強のプロパガンダである「アメリカはイラク政府だけでなく、その社会も崩壊させようとしている」という主張を覆すこともできる。この提案が実現すれば、たとえ国際的支持を取り付けるまではいかなくとも、サダム・フセインに対して軍事的・政治的圧力をかけるアメリカのイラク政策への公然たる国際的非難を減少させられるはずだ。

アメリカの政策立案者たちは、イラク国民を制裁で閉じ込めれば市民たちに死が待っていることを認識すべきである。もちろん、この悲劇の主たる責任が、イラク国民の苦しみを自分の目的のために利用し、プロパガンダに利用しているサダム・フセインやその側近たちにあるのは明らかだ。しかしこの点をいくら吹聴しても実質的には何の意味もない。なぜなら、現在の広範な制裁レジームでは結局のところアメリカの外交目標が推進されることはありえないからだ。

イラクを封じ込めているのはアメリカをはじめとする国々の軍事力であり、経済制裁ではない。イラクのWMD開発計画は九〇年代を通して継続的に実施されており、経済制裁では、それを阻むことはできない。経済制裁は、封じ込めに貢献するどころか、むしろアメリカの対イラク政策全般を疑問視する人々に批判の口実を与えているにすぎない。したがって、イラク市民の窮状にアメリカが間接的に加担しているという状況を終わらせるのは、道徳的であるとともに、現実的な行動である。

経済制裁では兵器開発を阻止できない

たしかに、経済制裁はサダムが大量破壊兵器を生産・獲得する能力を抑え込んでいる。制裁によって、バグダッドが石油収入から得る資金は制限され、その使い方も国連の監視の下に置かれている。しかし、問題は、制裁がイラクのWMD開発計画の行く手を完全に妨げているかどうかではなく、どの程度開発阻止に成功しているかだ。UNSCOMによって集められた証拠をみると、「それほどでもない」。イラク側は、ミサイルプログラムの中枢を放棄し、マスタードガス弾五百五十発、生物化学ミサイル弾頭五百発、および大量の生物化学兵器関連物質を廃棄したと主張するが、九八年十月の段階でUNSCOMはこれを確認できなかった。イラクのWMDプログラムの相当部分はいまも健在であると思われる。

さらに、イラクの大量破壊兵器開発能力が低下したとしても、それはUNSCOMの実績であり、制裁によるものではない。UNSCOMは湾岸戦争期の空爆以上に、イラクWMD開発能力を破壊した、とするクリントン大統領の有名な発言は正しい。九一年以来、UNSCOMは四十八基のスカッドミサイル、三十発の生物化学ミサイル弾頭、六十基のミサイル発射台、ほぼ四千発に達する生産途上の化学爆弾と弾頭、六百九十トンの化学兵器関連物質、化学兵器関連前駆物質三万トン、そしてアル・ハカム生物兵器工場そのものを解体した。さらに、UNSCOMの国内プレゼンスゆえに、イラクはWMDの開発ではなく、既存の兵器の隠蔽へ労力をそそぎ込まざるを得なくなった。もちろん国際的な監視や査察が、イラクを武装解除するための完全無欠な方策というわけではない。しかし、イラクのWMD開発がアメリカの国益に対する重大な脅威だとすれば、UNSCOMなき制裁より、制裁なきUNSCOM（あるいは、同様の組織）のほうが国益にかなう処方箋であろう。

制裁で達成できていない目標はほかにもある。サダム・フセインの追放だ。彼は制裁の悪影響をもっぱら国民に押しつける一方、宮殿を建て、現体制を支える軍や警察には甘い汁を吸わせている。九〇年、いや九五年までは、制裁によって彼を政権から追い落とせるという考えも妥当だったかもしれないが、いまやそうではない。サダムにしてみれば、制裁よりもUNSCOMのほうがよほど大きな脅威である。安全保障や情報収集という点では、UNSCOMと飛行禁止空域によるイラクの主権の制限、そして、これを支える軍事行動のほうが、制裁よりも大きな効果を発揮している。UNSCOMがCIAの先兵だったとするセンセーショナリズムに過ぎる最近の報道は真実ではないが、この国連機関が数少ない対イラク情報収集活動の最前線にあったのは事実だろう。イラクのWMD開発計画の管理とともに、アメリカの主要な目標がサダムの追放にあるのならば、ワシントンは、UNSCOMなき制裁よりも制裁なきUNSCOMを選ぶべきだろう。

制裁のコストについては、バグダッドで「石油と食糧交換（オイル・フォー・フード）」プログラムの責任者だった国連官僚のデニス・ハリデーが次のように的確に表現している。九八年八月にこのポストを辞任したハリデーは、その直前に同プログラムは「依然としてイラクの人道的危機に対してあまりにも無力だし、永続的に高い幼児死亡率や栄養不良の源である根源的なインフラ問題にも対応できない」と批判した。彼は五十万人に及ぶイラク人幼児の死は、すべて制裁によるものだと指摘した。事実、医療サービスはポリオや下痢などの最も一般的な疾病にすら対応できず、また、感染症の流行も抑え込めずにいる。これまで、アラブ世界ではその教育水準の高さが有名だったこの国で、何千人もの小中学校の教師たちが職を離れ、中途退学率も三〇％を超える。こうした現象のすべてがイラクの家庭の崩壊を招いており、高い離婚率、母子家庭、そして売春の蔓延という社会状況はその結果である。最近では、よく子供が道端で物ごいをする姿を見かけるようになったが、一九九〇年以前のイラクではこうした状況は想像さえできなかった。

アメリカとその他の諸国は、当初の制裁レジームに人道的例外措置を組み込み、「石油と食糧交換」プログラムを考案するという配慮をみせた。たしかに、イラク国民が置かれている窮状の根本的な責任がサダムにあるのは間違いない。フセイン政権は九六年まで「石油と食糧交換」の受け入れを拒否し、その後もこのプログラムの実施を妨害し、制裁の根拠である湾岸戦争後の国連安保理決議が求める武装解除要請を拒否している。

しかし、サダムに罪があるからといって、アメリカをはじめ国際社会に何の責任もないわけではない。制裁によるイラクの困難は予想できたわけだし、それがなければ社会問題は起こっていなかったはずだからだ。九八年五月、マドレーン・K・オルブライト国務長官は「イラクの子供たちが死に瀕しているのはアメリカの責任ではなく、サダム・フセインの責任である。……サダム・フセインの、国民に対する独裁的で、残酷で野蛮な仕打ちがアメリカの責任にされるのはばかげている」と発言したが、この件をこのような態度で片づけるのは道徳的に愚鈍である。九八年二月に、「石油と食糧交換」プログラム下でイラクの石油輸出量の拡大が許可されたが、依然として食糧支援を手がけるこのプログラムは資金不足の状態にある。世界的な石油価格の下落が、プログラムに充当される収入を大きく目減りさせたからだ。しかも、この収入の四割は他のプログラムに割り当てられている。その内訳は、四分の三が国連湾岸戦争賠償基金、四分の一がイラクにおける国連プログラムの活動資金だ。したがって、「石油と食糧交換」プログラムが完全に実施されたとしても、イラク国民の生活が実質的に改善されるわけではない。

制裁によって近い将来サダム政権が淘汰されるか、あるいは、彼のＷＭＤ開発計画の維持拡大を阻止できるとすれば、制裁プログラムのもたらした悲惨な人的コストも正当化できるかもしれない。だがいまやそのどちらも期待できないのが明らかである以上、何か他の策を講じ、制裁はやめるべきである。

制裁解除のバランスシート

制裁の根本的な見直しは、もちろん、ある程度のリスクを伴う。見直しによって、例えばサダムが自由に使える資金が増え、実質的に、資金の用途についての直接的な国際管理措置を解除されることになる（デュアルユース・テクノロジーおよび軍事技術に対する間接的な輸入規制措置は継続される）。

しかし、少なくとも当初の歳入増はそれほどでもないだろう。現行の「石油と食糧交換」プログラムによる制限と原油の低価格という環境のなか、イラクは実質的に生産できる限りの原油をすでに生産している。制裁が解かれたとしても、イラクの原油生産は、適度なインフラ投資が行われて世界の石油需要が増えるまで、かなりの間低迷したままだろう。それでも、制裁見直しによって湾岸戦争賠償基金への支払いが凍結されれば、イラク政府は三割増しの歳入を原油販売から得ることになり、サダムが力を入れているＷＭＤやその他の軍事計画に流れる資金が増える危険もある。

もうひとつのリスクは、制裁レジームの見直しによって、サダムの権力基盤をより強固にし、延命への道を開く可能性があることだ。制裁措置の緩和を、サダムが勝利と呼ぶのは間違いなく、これを機に自己利益にかなうような仕掛けを演出するはずだ。しかしそれは、イラク市民やその他の人々が考えるとおり、彼にとってむなしい勝利にすぎない。制裁解除の一方で、イラクはＵＮＳＣＯＭ、あるいはそれに準じた組織の監視下に再び置かれることになるからだ。飛行禁止空域などの、イラクの主権に触れる制限も残される。国際的企業の一部はイラクに戻るかもしれないが、サダム・フセイン政権は依然として国際社会の大半からはのけ者と見なされ続けるだろう。実際、他のアラブやイスラム政府にとっても、アメリカによるイラク市民を対象とする飢餓・困窮化政策に加担していると批判されることもなくなるため、むしろイラクに対する軍事的・政治的孤立化政策が取りやすくなるかもしれない。

制裁解除でイラク国内の苦痛がどの程度緩和されるかを予測するのは難しいが、おそらく、その恩恵を受けるのはごくわずかな人たちだろう。とはいえ、国の歳入増が少しだとしても、イラク政府がこの国の窮状を海外の政策のせいにして、社会サービスの欠落や食糧不足についての責任逃れができる余地は少なくなる。逆にサダムは、国民の生活を向上させる動機をもつようになる。その場合、少々の改善であっても、高まる期待によって、最終的には既存の体制の締めつけの解除を求める革命的状況に至るかもしれない。

制裁を解除したからといって、イラクのインフラを九〇年代以前の状態に戻せるだけの資金が集まるわけではなく、そのためには何十億ドルもの資金が必要になる。したがって、サダムと敵対しているアメリカやその他の諸国は、イラクに責任ある政府が誕生した暁には、その復興プロジェクトを支援することを明言すべきだろう。この約束を明確に表明するとともに、時を同じくしてワシントンは制裁レジームの緩和も提案すべきである。復興援助のための前提条件は国連安保理諸決議の完全な履行であるが、サダムの追放をあえてこれに含める必要はない。なぜなら、サダムは執拗なくらい、完全履行はあり得ずその意思もないことを幾度となく身をもって証明しているからだ。

それでも、制裁解除のリスクは、提案がもつ利益とつきあわせて検討する必要がある。まず、アメリカはこれによって、先細りとなりつつあるイラク封じ込めへの国際的コンセンサスを再構築できる。フランスも似たような計画を提案した経緯があるから、アメリカと共同で、ここで指摘してきた提案を行うことについてフランスと交渉を進める余地も出てくる。イギリスも支持するだろう。となれば、安保理の主要三カ国が結束することになり、ロシア、中国、アラブ諸国、トルコ等がこれに便乗しないとは考えにくい。ロシアにとってこの提案は、イラクとのビジネス取引の再開を意味するだけに、モスクワはこの路線を支持するだろうし、少なくとも、軍事技術、デュアルユース・テクノロジーの取引制限の完全順守を妨害しようとは思わなくなるはずだ。アラブ諸国はどうかというと、提案はまさに彼らが最も心配している、「制裁によるイラク市民への悪影響」を回避できるようになるのだから、対イラクその他の地域問題に関して、アメリカと歩調を合わせやすくなる。

封じ込めへの国際的支持が回復すれば、アメリカがサダムに対する軍事力の行使を継続する余地も生まれる。大々的に宣伝され、物議をかもした「砂漠のキツネ」作戦のような大規模攻撃から、より小規模ながらも、間断のない空からの威嚇作戦へと戦略をシフトしたクリントン政権の判断は評価に値する。イラク軍を徹底的な対抗策をとって締め付け、挑発に対しては迅速に対応すべきである。制裁を解除しても、軍事側面の政策を見直す必要はない。経済的圧力とは違って、軍事政策はサダムをいらいらさせるだけでなく、彼の支持者のなかにも状況に対する不満を募らせる者がでてくるからだ。つまり、アメリカの現行の軍事政策をなんら変更する必要はない。むしろ制裁解除は持続的な小規模爆撃の政治的支持基盤をつくりだせる。たとえ、国際的支持は得られずとも、少なくとも不承不承の黙認という状況は生まれるだろうし、トルコなどによるそのような追認は、軍事政策の継続にとって不可欠である。

制裁解除策の二つ目の大きな利益は、イラクのＷＭＤ開発計画を国際査察および監視の下に再びおけることだ。ＵＮＳＣＯＭの係官が情報活動に関わっていたという事実が最近暴露されたことから考えても、この組織が現行の形のままイラクに戻ることはできないだろう。UNSCOMの名誉を汚した呵責と当惑の念からだけではなく、アメリカはフランスやロシアの新たな支持を確保するためにも、組織の改名と一部高官の交代を認めるべきである（この意味では、UNSCOM委員長のリチャード・バトラーが六月に辞任の意向を示したことは、立派な行政官のキャリアに終止符が打たれるのは残念だが、政治的には好都合である）。重要なのは査察組織の名称や委員長が誰であるかではなく、任務をめぐる誠意と任務遂行手段の効率性だ。サダムのWMDへの野望を阻止するには、踏み込んだ現地査察は欠かせない。

制裁の解除によってもたらされるもう一つの利益は、もはやかつてのような言い訳を許さぬほどに深刻な人道的窮状を招いているイラク社会の貧窮化に、アメリカが間接的に加担しているのではないか、という疑惑が取り払われることである。こうして潔白さと道義性を備えたアメリカ政府であれば、サダムの軍事的野心を封じ込め、権力の座から追い落とすための努力を大いに強化できるはずだ。そして、貧困と荒廃のより少ない自由な社会が実現すれば、サダム・フセイン以後のイラクの安定の見込みも高まる。

サダムは変わらない、だが……

制裁を解除する代わりに査察レジームを復活させよと求めるこの提案は、アメリカの対イラク政策をめぐって米国内で議論を戦わせている両陣営にとって魅力的なはずだ。封じ込めを支持する者は、反サダム連合を活性化させることがイラクの孤立化した状態を保つには不可欠だ、という妥当な主張を行っている。一般イラク市民の苦痛を和らげ、また、アメリカがそう試みているようにみなされることが、この目的を達成するための最善の策といえる。イラクの石油産業への外国からの投資を自由化するのがもう一つの方策であり、これは特にロシアやフランスにとって魅力的な話であろう。この二国は、国連におけるアメリカの構想を骨抜きにしたり、その実現を阻んだりする力を持っているだけに、この方策は重要である。

封じ込め政策のなかでもっとも効率性に乏しくもっとも不評な、制裁措置という要因を取り除くことで、アメリカは、封じ込めのなかでもっとも大切な要因である「危険きわまりないイラクの通常・非通常兵器開発の牽制」という側面を温存し、強化できるはずだ。一方この提案は、イラク反体制派組織を支援し、サダムを追放するためであれば、軍事力の投入を含む巻き返し作戦を主張する人々にも訴えかけるものがあろう。もっとも、現状で巻き返し作戦を実施できるとみなす専門家はほとんどいない。イラクの反体制運動は弱体で、しかも分裂しており、また、巻き返し作戦を成功させるためにその支援が不可欠な近隣諸国の態度も当てにならないか乗り気ではないかのいずれかであり、ともすれば、その双方であることさえある。しかも、肝心のクリントン政権でさえ、再三にわたって政府高官が打倒サダムのレトリックを用いてきたにもかかわらず、実際は、どうすればサダムを追放できるか、その後どうするかについて明確なビジョンを持っていないようだ。

しかし、これらの条件の一部はその過程で変化する可能性があり、その時点で巻き返し作戦のほうがより有力な代替案として浮上することもあり得る。したがって、巻き返し作戦の支持者たちは、イラクの監視を短期的に怠らないようにするとともに、(軍部をのぞく)すべてのイラク市民に対しては、アメリカとその協力者たちが彼らを痛めつける意図を全く持っていないことを納得させるべきだろう。この点、すべてのイラク人が憎悪している経済制裁の解除提案ほど優れた方策はない。クリントン政権に批判的なアメリカの国内勢力が好意的に見ているイラク国民会議(ＩＮＣ)議長アハマド・チャラビでさえ次のように発言している。「それがどのようなものであれ、イラク市民を苦しめるような政策は短絡的で不道徳な政策である。イラク市民ではなく、イラクの現政権だけを標的とできるような措置に的を絞るべきだ」。アメリカはイラクの暴君を打倒しようとはしているが、一方でイラク市民の窮状を和らげるために努力しているとする明確なメッセージを表明すれば、イラク領土内のアメリカ軍のプレゼンスもより歓迎されるようになり、アメリカとのつながりを批判されている中東地域の政府も、アメリカと協調しやすくなるだろう。

査察の復活に向けて制裁を解除するというここに示した提案に批判的な人々も、とりあえずはこの提案を受け入れるかもしれない。だが、次のような批判を試みるかもしれない。「結局この案は宥和政策へとつながる第一歩かもしれず、サダムが受け入れる保証もなく、受け入れたとしても後でだまされる危険があり、現実的ではない」とする批判だ。しかし、これらの反論には実体がない。

宥和政策につながるという見方は、イラクに対するアメリカのいかなる方針転換も、封じ込め政策を根本から解体してしまうことになりはしないかという懸念に基づいている。こうした立場をとる人々は、経済制裁全般を解除すれば、他の制限も和らげるべきだという圧力が生じ、結局サダムは檻から放たれ近隣諸国や敵を再び脅かすようになる、と主張するだろう。しかし、封じ込め政策のなかの残忍かつ非効率的な側面を削ぎ落としたからといって、その他の効率的な側面をも削ぎ落とすことになると考える理由は見当たらない。実際、この提案の狙いは、封じ込めを絞り込むことによって、むしろ政策を強化することにある。宥和という観点からこの分別ある案の見直しを求める不合理な圧力を覆すのは可能だし、実際にそうなるだろう。

サダムが受け入れる保証はないとする反論は、宥和という観点からの反論とは理屈が全く逆である。提案に宥和的要素がないため、サダムは断じて受け入れないだろうというのがその言い分だからだ。つまり、「サダムは制裁が解除されるのを望んでいるかもしれないが、制裁解除の代わりにＷＭＤ開発計画をほごにしてもよいという気配などいままでみせたことはなく、しかも、この姿勢はいまも変わっていない可能性が高い」とする見方だ。これは、当たっているかもしれない。サダムは、より穏やかな査察条件を含んだフランスの提案でさえも冷たくあしらった。しかし、これは提案自体に対する反論とはなり得ない。イラクのリーダーは、気力に満ちている査察官とのいたちごっこを再開してもなんとかＷＭＤ開発計画を維持できるのだから、歳入を増やせるのなら提案を受け入れてもよい、と判断するかもしれないからだ。しかし、仮に提案がけられたとしても、アメリカはそれを発表するだけで、世界や地域の世論を相手取った闘いのなかで、大きく優位に立てる。アメリカは、サダムよりもイラク国民に対して配慮しているという評判に磨きをかけ、心理的負担を強く感じることもなく、しかもノーコストで以前の政策に立ち返ることができる。

第三の、そしてもっとも力強い反論は、サダムは狡猾であり、敵であるわれわれを出し抜く可能性がある、という考えである。彼は提案を受け入れ、制裁の解除からの利益を独り占めし、しかも、数カ月もすれば兵器査察には非協力的になるかもしれない。つまり、歳入増をうまく利用しながらも、サダムはＷＭＤ開発計画に対する制約をうまく回避するかもしれないとする見方である。もし提案をのむとしたら、こうした考えをサダムが抱いてもおかしくはない。実際、これまでの動きからして、課せられた義務を彼が自発的に遂行すると考えるのはばかげている。しかし、こうした事態が想定されるからこそ、事前に対策を講じることもできる。

彼が予想される行動に出た段階で経済制裁を復活させるのは難しく、また意味もない。むしろ、新査察・監視体制を妨害する行為に出た場合には、彼の軍事・安全保障資産をターゲットに迅速で痛烈な報復爆撃を実施すべきである。彼の支配体制を象徴するとともにそれを支えるターゲットを痛烈にたたいても、イラクが現実的に協力する可能性はもちろんないが、それでも査察官の活動を認めざるを得ないと納得し、あからさまな妨害もしなくなるだろう。経済制裁が解除されれば、そうしたアメリカの空爆への国際的支持も高くなるはずだ。なぜなら、空爆は、サダムがまたもや近隣諸国が黙認できないような違反を犯したときに実施されるからだ。

ここに大枠を示した内容の提案をアメリカが行った場合、もちろんイラクは受け入れることも、拒絶することもできるが、どちらに転ぼうと、アメリカが得をする。しかし、提案が受け入れられたとしても、それでアメリカとイラクにかかわるすべての問題が解決されるわけではなく、ごく一部が決着をみるにすぎない。巻き返し戦略の支持者が言うように、サダムは今後も問題の中核に居座り続けるだろう。サダム・フセインが君臨しつづける限り、イラク政府は近隣諸国の安全、アメリカの利益、そしてイラク国民を脅かし続けるだろう。しかしここに示した道筋は、せめてイラクの平均的市民の日々の生活を少しばかり向上させつつ、イラクのWMD開発計画を妨げる大きな盾を提供するものだ。これは、誰もが待ちわびる、サダムが過去の苦い記憶となる日へと向かう道程の大きな一歩となろう。

サダム・フセイン政権存続の謎
How Does Saddam Hold On?

オフラ・ベンジオ
テルアビブ大学中東研究所上席研究員

かつてT・S・エリオットは四月を最も残酷な月と呼んだが、残忍さで知られるサダム・フセインも四月にはなじみが深い。四月は彼の誕生月だし、自ら率いるバース党が設立されたのもこの月だ。新聞報道によれば、四月二十八日のサダムの誕生日を祝うために、千五百万人のイラク人がキャンドルに火をともした年もあれば、花火つきのパーティーが催され、支配者が国王の馬車に乗り込んで町を行き来し、にこやかに笑うサダムの写真展が催された年もある。

また、サダムの誕生日を祝って壮大なプロジェクトが発表されることもあり、最近では、バグダッド北西部にサダムの名前をつけたサダミヤート・アル＝サルサルという都市の建設プロジェクトが発表された。「誕生日の儀式」がグロテスクなものになることもある。羊皮紙にサダムへの忠誠を血で記すのだ。こうした儀式をつうじて、イラクの絶対的な支配者は、自分と追随者の生と死の絆を一つに束ねようと試みている。

サダムが六十三歳になった今年の誕生日には、彼の時代ももはや長くないという噂が広がっていた。だが、これまでのところ、こうした噂もたんなる希望的観測に終わっている。一九八〇年のイラン・イラク戦争以後の二十年間、サダム政権の崩壊は「差し迫っている」とつねに言われ続けてきた。湾岸戦争が終盤にさしかかった時期、百時間に及んだ地上戦を戦ってきた多国籍軍は戦闘停止に合意したが、その理由は、一つには、アメリカの分析官たちがもはやサダムの命運も尽きたと判断したからだった。以来、欧米の指導者たちは、彼の権力基盤が揺るがないことに混乱し、驚かされ続けている。

「砂漠の嵐」作戦以後、力強い対イラク政策を実施することを望んでいた人々にとって、サダム政権が永らえていること自体が挫折だった。イラク国内の反対派を利用してサダムを失脚させ、より友好的な政権に置き換えようとする、いわゆる「巻き返し策」がとられる可能性はきわめて低い。イラク国内の反対派は弱く、加えて反サダム勢力が必要とする大規模な支援を提供することにアメリカが乗り気でないからである。

巻き返しに代わる策は、サダムを箱の中に閉じ込めておく、さまざまな封じ込め政策だ。経済制裁なき軍事査察、査察なき経済制裁、あるいは査察と制裁をともに実施する骨の折れかる試みのいずれかである。だが、こうしたやり方は、サダムがいなくなるまでの間なんとか混乱を防ごうとするその場しのぎの付け焼き刃にすぎない。

それにしても、戦争、危機、破壊という数十年を経ても彼の政権が存続しているのは、いったいどうしてなのか。いったいサダムはどのようにして、かくも長期にわたって権力の座に居座っているのだろうか。

その答えはわれわれを安堵させるようなものではない。サダムが権力を維持できているのは、その無慈悲なキャラクターと、反対勢力の失策、そしてバース党、治安組織、軍部、取り巻きの派閥というイラクにおける権力の支柱のすべてを彼がきわめてうまく管理しているからだ。正統な継承であれクーデターであれ、現在サダムの後継者となる見込みが最も高いのは、彼の二人の息子たち、ウダイとクサイである。

サダムは息子たちを権力の後継者として育ててきた（シリア同様に、イラクというバース党支配の共和国も、いまや事実上の王政へと変化している）。しかし指導者が交代しても、欧米にとって状況がそれほど好転するわけではない。息子たちは、父親同様に凶悪で危険な人物だからだ。したがって、欧米にとって最も賢明なやり方は、サダムが表舞台から姿を消すのを待ちつつ、意気消沈しているイラクのエリートを少しばかり刺激し、彼らが、サダムより責任感があり、彼ほど残忍でない独裁者に大君を置き換えるよう願うことでしかない。われわれは、イラクの問題が近いうちに魔法のように解決されると期待してはならない。

サダムの内なる二つの自我

サダム政権がなぜ長寿なのかをうまく理解するには、彼のパーソナリティーと世界観にまつわる一連のパラドックスに目を向けるべきだろう。政府の大がかりなプロパガンダをつうじて、サダムは自らを優れた戦略家、この数世紀来のイラク人、アラブ人のなかでも特に傑出した人物として描きだすことに成功している。しかし、現実には彼のとった戦略は災難への処方箋だった。二十一年にわたる統治をつうじて、サダムは二度に及ぶ大規模な戦争にイラクを引きずり込み、軍事・政治・社会・経済的崩壊の瀬戸際にまでこの国を追い込んだ。

だが、サダムが冷静さを欠く戦略家だとしても、一方で彼が優れた戦術家であるのも間違いない。戦術家としての才能ゆえに、彼は幾度となく犯した間違いの結末から逃れることに成功した。サダムの戦略ははかない自己欺瞞に根ざしており、彼の戦術にしても基本的には残忍な権謀術数を基盤としている。壮大な計画が問題に遭遇した時には、彼は常に国内で策略を巡らすことでこれを切り抜けてきた。

「国外へ赴くことはほとんどなく、視野が狭く、陰謀論にとりつかれ、外の世界を理解していない」という事実については、すでに多くの指摘がなされている。サダムは、民主主義、とりわけアメリカの政策決定過程を理解していないために、たとえばクウェートをめぐって戦争も辞さないとするブッシュ大統領の決意をうまく見きわめられなかったと言う人もいる。

たしかに彼には間違いなくそうした偏狭さがあるが、より本質的に重要なのは、彼が自分の国と社会を事細かに把握していることだ。サダムの主要な戦いの場は国内にある。この事実があまり認識されていないために、彼を敵視する海外勢力の目は幻惑させられてしまうのだ。

外部の者は、冒険主義こそサダムの本質であるとみなし、その証拠として、イラクの三倍もの大きさのイランを侵略したことや、湾岸戦争で圧倒的な規模の多国籍軍に彼があえて挑戦したことを引き合いにだす。無謀さで有名なサダムだが、どのような行動をとるべきか、彼はいつもかなり前から計画している。イランを攻撃し、クウェートを侵略したのはたんなる思いつきではなく、二つとも実行するずっと前から計画されていた。リスクを顧みない態度や即応的な行動をとりがちな彼の性格にしても、実際には裏がある。たしかに即物的な性癖はあるが、一方では辛抱強さ、冷血さが彼の信条である。

イラクの強者バクル大統領に仕える有力者だった七九年以前のサダムは、自分のボスに最後の一撃を加えるまでに十一年間も時を待った。彼は、イスラム的価値の中でも重視されている「忍耐」（アラビア語で「サブル」）をイラク市民に訴えかけ、自分の政治目的のために人々の忍耐を利用している。事実、彼は、九〇年以降の制裁措置その他、彼の行動によってイラクが味わう羽目になった苦境に耐え忍ぶよう国民に求めている。サダムは失敗を犯し、誤算をすることでも悪名高い。彼は自分の間違いを正す能力がなく、むしろ間違いをますます深刻にしてしまいがちだが、その一方、自分の敵の間違いを見つけてうまく利用することにかけては天才的である。サダムは相反する二人の自己を内包している。われわれにとっては不幸なことだが、彼は最後の最後までこの二つの性癖を持ち続けるだろう。欧米の政策決定者たちは、彼の一方の性格ばかりにとらわれ、もう一つのサダムの性癖を見落としてしまわないように注意すべきだ。彼は成功を収めるほどに賢くはないかもしれないが、政権の存続を確保できるだけのずる賢さは十分に持っているのだから。

サダムは困難の中で強さを発揮する

自分の敵の間違いにつけ込むサダムの恐るべき能力ゆえに、深刻な危機に遭っても、彼の政権は揺らぐことなく存続している。

血なまぐさいイラン・イラク戦争をめぐってアヤトラ・ホメイニが犯した最も深刻な失敗、つまり和平の条件をサダム政権の消滅に求めたケースを考えてみよう。イランが突きつけた条件は曖昧で、いつ、どのようにして、ということはもちろん、だれがサダムを追い落とすかも明確にしていなかった。さらに、それはサダムを追い込むのではなく、むしろ、八年間に及ぶ長期化した戦争に苦しんでいたイラクの民衆（またイランの民衆）を追い詰めてしまった。ホメイニの要求は、他国の内政に干渉する部分があったが、結局、結末には何の影響も与えられなかった。

最悪の事態にあって最も力を発揮するサダムにとって、ホメイニが突きつけた和平の条件は、戦争を継続するもう一つの動機となった。このイラクの指導者は、戦争の長期化とイラクの窮状をすべてイランのせいにするキャンペーンを打つと同時に、いかなるクーデターの試みも抑え込もうとする国内での抑圧政策に打って出た。結局、サダムの忍耐は功を奏した。八年に及んだ戦いを経て、立場を変えたのはホメイニのほうで、彼はサダムが言うところの「毒入りのカリス」をあおり、その後表舞台から姿を消すことになる。

ブッシュ、クリントン両大統領も、ホメイニと同じ過ちを犯した。サダムの追放を経済制裁解除の条件とすることで、彼を優位に立たせてしまったのだ。彼はこの条件を利用して、経済制裁による国内の窮状の責任をアメリカに押しつけ、イラクの不幸の全責任はアメリカのせいだと主張した。かくして経済制裁の長期化はサダムの基盤を弱体化させるどころか、むしろ強化してしまった。制裁によってイラク市民は、自分たちの生活をそれまで以上にサダムに依存するようになった。例えば、国連が認めた「石油と食糧交換」プログラムをサダムとその側近が管理していたために、彼らは自分たちに都合のいいように恣意的にこれを分配できた。同様に、ほぼ恒常的な「緊急事態」も抑圧を強化する助けとなった。多くのイラク人にしてみれば、アメリカがサダム追放を試み、それに失敗したことは、「アラブ世界を凋落したままにとどめようとするアメリカの帝国主義者たちが、国家としてのイラクを罰しようとしている」とする陰謀論の存在を裏づける形となった。

イラン人とアメリカ人は、サダムの政権基盤の不安定化を図るのにイラク国内の反対派に依存するという過ちも犯した。反対派がサダムを追放できると踏んで彼らを支援したとすれば、それはひどい誤算というものだ。イラクのクルド人勢力、（世俗的、原理主義的双方の）シーア派、共産主義者、あるいは金で雇われた人々からなる反サダム勢力の間にはいさかいが絶えず、それはまとまりを欠き分裂した諸集団の寄せ集めでしかない。当然、外からの働きかけにひどく脆い。反対派への支援がバグダッド政府に対する心理戦の一部として実施されたにせよ、テヘランとワシントンは間違いを犯した。イラク市民にしてみれば、面倒を起こしがちで、ひどく弱体な反対派がサダムの圧政から自分たちを解放してくれるとは期待していないし、逆にサダムは反対派が外部からの支援を受けていることを宣伝してそのイメージを失墜させ、反対派に対して、国賊的で国の破壊に手を貸す外国勢力の傀儡という烙印を押したのだ。イランもアメリカも、三十二年に及ぶ過酷なバース党支配体制のなかで、イラク内に組織化された反対派などほとんど残されていないということを認識していなかった。

国内の敵との戦い

サダム政権の存続を説明するもう一つのかぎは、イラクという国家が、力強くも、また弱くもあるという事実にある。こうした現実が、サダムが敵対勢力に対して圧倒的優位を保つ手立てを与えている。潤沢な石油資源、豊かな水資源、適切な人口規模がイラクの国としての強さの源泉であり、これらがサダムに、戦略的な奥行き、優位、そして失敗しても安泰でいられる余裕を与えている。例えば、七〇年代に稼ぎだした膨大な石油からの利益が、後のイランとの戦争期間中、イラクとサダム政権を崩壊から救うために使われた。

しかしイラクは、中東の基準から見ても、いまや社会的にも政治的にも弱い国家となっている。サダムがゆっくりと時間をかけてイラクの政治システムを骨抜きにしたからだ。市民社会は存在しないし、絶大な力を持つバース党以外の政党活動は禁止されている。最低限の表現の自由も奪われて久しい。イラク北部のクルドの飛び地を別とすれば、反対勢力はイラク国内には重要な拠点を持っていないし、統一性、信頼性、支援、目的意識なども持ち合わせていない。

治安部隊・プロパガンダ当局で働いた経験を持ち、時間をかけて大統領ポストを手にしたサダムは、こうした弱体な社会・政治システムの中でどのように権勢を振るうかをわきまえているし、それが本物の脅威かどうかはともかく、どのように敵に対処するかも学び、さまざまな管理メカニズムも築きあげている。彼はつねに警戒を怠らず、迅速に状況に対応し、敵の機先を制する必要があることを理解している。とりわけ、異なる勢力や派閥の間のバランスをいかに自分に有利な形で利用するかをわきまえている。イラクの民衆だけでなく、軍、バース党、治安部隊、秘密警察といった主要な権力機構、また、時には彼の親族に接する際にも、彼はこうした自己ルールを適用する。サダムは、自分の支持基盤が自分の敵を倒してくれることもあれば、自分に牙をむく危険もある両刃の剣であることを十分に認識している。

　サダムはさまざまな権力基盤に異なる対応を見せる。大統領になるずっと前に、サダムは政治領域から軍部を締めだすことに成功した。サダムは自分を脅かす危険のあった有力な司令官たちを追放し、軍隊をバース党化して忠実な追随者の群れに仕立てあげた。また彼は、イラクのクルド人勢力、イラン、そしてクウェート、湾岸戦争での多国籍軍と、イラク軍に次から次へと戦争をさせ、一方で大きな特権と優遇を認めることで軍の支持を確保し、巨大な戦争集団を組織化した。こうして彼は、六八年にバース党が政権を握る以前にはやむことのなかったクーデターの頻発に終止符を打った。

　サダム政権のトレードマークとなった治安組織に対しては、彼はまた違う管理手法を考案した。彼の手法には、競合する二つの組織をつくって相互に監視させ、組織の最高ポストに親族を送り込み、ときにパージを行うことなどが含まれる。とはいえ、この策略が軍部に対する懐柔策ほどの効果をあげたわけではなく、すでにサダムは二度も落胆を禁じ得ない状況を経験している。九五年、治安組織は彼の娘夫婦二組がヨルダンへの逃亡を計画していることをサダムに知らせなかったし、九六年には長男であるウダイをターゲットとする暗殺未遂事件を阻止できなかった。この事件では、ウダイの車がマシンガンで掃射され、彼は何カ所か傷を負った（この事件が起きたのは、サダムの次男であるクサイが安全保障機関の最高ポストにあった時で、サダムにとってこれは愉快なことではなかった。しかし、いまやそうしたしこりも完全に修復されて組織上の穴も埋められ、サダムが何を不快に感じているかを安全保障機関に伝えるチャンネルも整備されている）。

バース党については、サダムは自らが好む個人支配と党の集団的なリーダーシップとの矛盾に折り合いをつける必要があった。七九年七月に大統領になってから二週間のうちに、彼はバース党の個人支配に異議を唱える二十一人の党幹部を処刑した。この最初の大虐殺がその後長期に及ぶバース党の暗黙のルールとされ、その結果、バース党は独自に決定を下したり、大統領を牽制したりする力を失っていった。同時に、サダムとバース党は持ちつ持たれつの関係にもなった。サダムは、国の運営、大衆の動員、問題が起きたときの安定基盤としてバース党を必要としていたし、一方のバース党も、党の存在、特に危機的状況下の党の存在を支えるためにサダムを頼みとした。

サダムの家族価値

「手に刀を、顔に笑みを」とはアラブ世界のことわざだが、サダムはこの二つを使い分けることにたけている。軍部、安全保障機関、バース党のすべてはすでにサダム政権によって取り込まれているが、サダムにとってもう一つ潜在的な脅威がある。それは、親族間の対立という脅威だ。

イラクには複雑な親族支配システムが存在し、サダムは現在のところこれをなんとか管理している。当初サダムは、可能な限り多くの親族を要職につけようと試みた。その理由は、自分のバース党への依存度を減らすために並行的なネットワークを築こうと考えたからだ。政治的分け前を求める親族たちの要請にこたえ、微妙で重要なポストに親族という忠実な支持者を据えることは彼にとっても好都合だった。サダムの親族メンバーたちは、大統領を警護する部隊を含む安全保障・治安組織の要職に割り振られた。こうしてこの三十年にわたって、イラクはバース党と、サダムと血縁関係にある四つの親族メンバーによって運営されてきた。この親族たち、つまりバクル、タルファン、アル・マジッド、イブラヒム一族はすべて彼の故郷であるティクリットの出身である。

サダムは自分が権力の座にあることについて親族たちの支持を得ていたが、さらに国のルールやイラクの政治的仕組みによって親族たちを支配しようと試みた。ここで言う政治的仕組みとは、抑制と均衡、ポストを常に異動させること、解任、再編、追放という手法である。こうした手法は、軍部、バース党、またある程度は治安部隊にもうまく機能したが、自分の親族に対してはほとんど作用しなかったようだ。

サダムの親族間の亀裂は、九五年八月にこれ以上ない形で表面化した。義理の息子二人が、自分の娘ラナとラグダとともにそれぞれヨルダンへ亡命してしまったのだ。フセイン・カミル・アル・マジッド、サダム・カメル・アル・マジッドは、それぞれイラクの兵器プロジェクトの責任者、大統領警護隊長だった。フセイン・カミルは国連の兵器査察チームに重要な情報を流し、サダムの追放を求めた。

サダムにとってこれは寝耳に水の出来事だったが、すぐに対応策をとった。彼は、義理の息子たちにすべてを許すと約束し、九六年二月にバグダッドへ戻らせると、まず娘たちと離婚させた。そのうえで、アル・マジッド一族の他のメンバーたちに彼らを暗殺させたのだ。さらに、九九年二月には、亡命したこの義理の息子たちの母親たちが手足を切断された死体となってバグダッドの自宅アパートで発見された。

イラクのエリートたちはサダムの前にひれ伏すかもしれないが、それでも彼は親族たちによる陰謀に対抗する必要がある。やっかいなのは、四家系の親族間の結婚が頻繁になされ、相互のライバル意識や嫉妬を常に増幅させていることだ。同様に、家族の絆ゆえに親族メンバーを要職につけるように求められることもある。サダムはこれに応じてきたが、結局は情実主義と批判されたり、親族間の派閥のバランスを常にとる必要が生じたりと、このやり方は時に管理能力の低下という代価を伴った。

興味深いことに、危機に直面した場合の親族間のパワーバランスの再編は、他の権力機関が危機に陥ったときと同じタイミングで行われる。たとえば、湾岸戦争後のクルド人勢力やシーア派の蜂起に危機感を募らせたサダムは、親族間のポスト配分の再編を行った。九五年に彼の義理の息子がアンバー地域が混乱するさなかに亡命した際は、より大規模な親族間でのポスト替えを行った。これはサダムがファミリーネットワークをその他の権力システム同様に位置付け、扱っていることを裏づけている。しかし、親族間の関係がうまくいかなくなるにつれて、彼はイラクを運営するという「ファミリービジネス」を息子たちに譲り渡す準備を始めたようだ。

二人の息子たち

当初から彼は、大統領というよりもむしろ自分が国王か皇帝であるかのように振る舞ってきた。シリアのハフェズ・アル・アサドやエジプトのホスニ・ムバラクなど、近代的アラブ国家の大統領たちは形ばかりであるにせよ選挙を実施してきたが、サダムは、メディアが「やってもやらなくても同じで、いずれにせよ九九・九%の確度だ」と揶揄してきたレファレンダム（国民投票）の実施をこれまで長期にわたって避けてきた。むしろサダムは、イラク市民の統治体制への支持を明らかにするために、より君主的で自然な方法に訴えてきた。それは、アラビア語で「バヤ」と呼ばれる、忠誠を誓う伝統的な方法だ。サダムはある意味では、バヤによって一九二一年に権力の座についたファイサル国王の方法をまねている。サダムの忠実な支持勢力は、彼のために宮殿や記念碑を建てるのを好む。この点でもサダムは、「バース党の支配者は質素で社会主義的である」とする一般のイメージからはかけ離れている。国王用のいすに座る点でもアラブの王をまねているし、「神、故国、指導者」というスローガンにしても、伝統的なスローガンの「王」の部分を「指導者」に置き換えただけだ。

彼が君主制を好む理由の一つは、それによって権力の世襲が可能になるからだ。サダムは、権力者になった初期段階で現在三十五歳のウダイと三十四歳のクサイを社会にデビューさせ、政治環境の中で彼らを育てあげた。彼らはサダムの後継者として最も有力視されており、欧米の政策にとっても重要な意味合いを持つ人物たちだ。

サダムは重要な式典には必ずウダイとクサイを帯同して姿を現すし、彼らの評判を高めようと国営メディアで息子たちをたたえる番組を放映させている。同様に重要なのは、サダムが彼らのために決めた結婚である。サダムが選んだ相手は、主要な親族派閥以外の家系の娘たちだった。親族集団による圧力から逃れようと、サダムは八七年にマーヘル・アブドル・ラシードという有力な陸軍司令官の娘とクサイを結婚させた。その翌年には、ウダイを、現在イラク軍の副司令官でバース党の副書記、さらには革命指導評議会（RCC）の副議長も務めるイザット・イブラヒムの娘と結婚させた。RCCの議長はサダムだが、七〇年のイラク暫定憲法は、議長がポスト上の責務をまっとうできなくなったときには、RCCの副議長が議長となると定めており、その場合、ウダイが権力の中枢にもう一歩近づくことになる。

彼の権力が最高潮に達しているときでさえ、サダムはそれまで腰の据わらないプレーボーイだった息子のウダイを後継者にしようと、彼の政治キャリアのための準備を行っていた。しかしウダイはすべてが父親似で、周囲がその行動を管理したり、制御したりできるタイプの人物ではない。不運にもウダイの替え玉を務めさせられ、後にイラクから逃げだしたラティフ・ヤヒア・アルサリヒは、ウダイが自分の目の前で若い女性をレイプし、サディズムにふけることもあったと身の毛もよだつ話を暴露している。ウダイの前の秘書によれば、彼は千三百台の高価な車を所有し、そのうちの百六十台はクウェートから略奪した車だという。さらにウダイ自身も、父方の祖母は自分が幼少のころ、勇気をつけさせようとサソリとヘビを扱わせたと述懐している。

八八年十月、ウダイは身の毛もよだつような事件を起こし、以後、つぎつぎと問題を起こし続けている。それは、トリギス川に浮かぶ観光客用の島で開かれたパーティーでの出来事だった。ウダイは、父親のボディーガードの一人であるカミルハナ・ジャジョをこん棒で殴り殺してしまったのだ。

こうしたおぞましい事件が大統領に悪影響を与えるのを回避する最善の方法は、何だっただろうか。果てしない自分の野心を損ねることなく、自分を守りつつ、当時二十四歳だった息子を引き立て続けられたのはどうしてだろうか。ほかにも厄介者の親戚が数多くいるため、結局サダムはあえてウダイを処罰しないことにした。サダムは、息子が殺人者であることの気まずさから逃れるために、ウダイを人目につくポストからしばらく外しただけだった。

暴力的で欲深く、女たらしで腐敗し、とかく行動が派手だと悪評だらけだったにもかかわらず、ウダイはほどなく復活した。九〇年代半ばまでには、ウダイはイラクの権力中枢へと歩を進めていた。彼はファミリーの財源を満たそうと、不法なビジネス取引にかかわるようになった。九三年に軍事研究で修士号を取ったことを宣伝して、軍事部門への興味をアピールし、バース党の政治局にも参加した。イラクのメディアを「監視」するウダイは、自分と自分の父親を売り込むための道具としてメディアを利用し、省庁、政府機構、親族とのもめ事を有利に運ぼうと巧みに操作している。

今年に入って、ウダイは議会のメンバーにも選ばれた。政治的・経済的な影響力が増してくると、彼は、四つの親族派閥やその他の縁者へあまり気兼ねをしなくなった。ウダイは自分の親戚を忌み嫌っている。彼は九六年の手入れで義理の兄弟を殺害し、その年にはバグダッドでの酒宴の席で自分の叔父にあたるワトバン・イブラヒムの足を銃で撃ったと伝えられる。

ウダイの常軌を逸した行動のどの程度が父によって助長されているのか、あるいは、まったくサダムのあずかり知らぬところでこれが行われているのか、事の真相を知る者はいない。だが最近では、サダムも、むしろウダイの弟であるクサイを重視することで、いくらかウダイを牽制しようとしているようだ。サダムが特定の人物に権力が蓄積されていくのを放置することはなく、この点では自分の息子たちとて例外ではない。ウダイの過去における傍若無人ぶりからして、将来の芽はそう大きくないことをサダムは理解しているようだし、カタールで九五年に起きた宮廷無血クーデターでハマド皇太子が自分の父を政権の座から追い落としたことをサダムが意識していないはずはない。

さらに、クサイのほうが彼の兄よりも慎重だし、管理しやすく、信頼もできる。事実、サダムはクサイに特別治安部隊と大統領警護隊で特別のポジションを与えている。クサイが治安・軍事部門での権限を手にし、ウダイが市民生活・政治領域での権限を確立させるという二人の兄弟間の分業体制によって、サダムが望んでいた権力の分立が実現しつつある。

だが、九九年までにはウダイとクサイの間の権力闘争も取りざたされるようになった。こうした噂話が真実であるかどうかはともかく、サダムにとって権力継承をめぐるジレンマは今後ますます大きくなっていくだろう。サダムは子供たちに権力を継承させたいと望んでいるが、一方で、彼の敵には自分が権力を放棄する可能性についてはその気配さえも見せまいとしている。

つまり、サダムはいずれ、ウダイ、そして次にクサイという具合に権力を委譲していくことを考えているのかもしれないが、そうであると明確に表明するのはリスクを伴うと見ている。そう表明すればバース党との関係が悪化し、二人の息子の間（あるいは息子たちとその他の親族派閥の間）の後継闘争の引き金を引くかもしれないからだ。サダムは二人の息子たちの野心から自分の身を守らなければならない立場にある。イラクの格言にいわく、「最も危険な盗人は家の中にいる」のだから。

サダム以後のイラクはどうなる

欧米の専門家たちは、サダムが表舞台から姿を消すまではイラクの状況が改善することはあり得ないと見ている。そうかもしれない。だが、それだけでは重要な設問に答えたことにはならない。サダム政権はどのようにして倒れるのだろうか。外部勢力がイラクの政権や支配者の運命を左右できるのだろうか。彼の後継者は、よりましな人物なのだろうか。

こうした設問の答えを知るには、まずサダムが自らの政権の存続をきわめて巧妙に確保してきたことを認識する必要がある。国王、大統領に関係なく、サダムは近代イラクのいかなる指導者よりも長期にわたって政権基盤を維持している。彼の残忍な性格、慎重に組み立てられた管理メカニズム、欧米という敵対勢力側の間違いや彼らの相矛盾するメッセージ、弱体なイラク国内の反対勢力、これらのすべてがサダムによる権力の維持を可能にし、しかもこの流れはいまだに存在する。

政権存続を望むサダムの思惑をなんとか挫折させようとした、アメリカおよびとかく足並みのそろわない同盟諸国のやり方は、アマチュア的で一貫性を欠いていた。サダムはいまにも政権の座を追われるだろうという声明は、意図とは逆の結末を招いてしまった。一般のイラク市民は、アメリカのさまざまな封じ込め政策の目的は、サダムを政権の座にとどまらせつつ、アメリカの石油利益を確保し、一方でイラク人には自分の力で生活をなんとかするように仕向けることにあると見ている。「サダムを追放したいと望むイラク人を好意的には見ているが、支援はできない」。こうしたアメリカの声明は、イラク民衆のアメリカ帝国主義への反発を助長するだけでなく、イラクの指導者に戦術の余地を与えている。

四十年にわたってアメリカ主導型の厳しい制裁措置を適用されてきたカストロ率いるキューバを見れば、アメリカのサダム転覆の試みが成功するかどうかぐらい見当がつくだろう。実際、イラクはキューバ以上に堅固かもしれない。イラクはアメリカから遠く離れているし、その社会と政治はキューバよりもさらに複雑で理解しがたい。さらに、ロシア、フランス、湾岸諸国など、かつての対イラク同盟諸国を含む数多くの諸国がイラクに既得権益を有しており、その結果、アメリカの行動の自由も制約されている。

十年に及ぶ封じ込め政策を経たいまも、アメリカと同盟諸国はイラクに対する未来ビジョンを何も持っていない。ウダイやクサイが権力を継承したところで、欧米や中東世界にとって好ましい現実が現れるわけではない。ウダイは父親そっくりの人物で、クサイには迫力が感じられない。また二人とも、新たなバビロニアの王になろうと考えた父の誇大妄想癖を引き継いでいる。こうしたシナリオの下での唯一の光明は、最終的にウダイとクサイが野心的な将軍に追い落とされ、その結果、彼らが新たな時代を築くのではなく、たんなる空白期の暫定指導者に終わることである。

簡単にサダムを追放する手立てなど存在せず、米議会でよく聞かれる対イラクのレトリックはたんなるかけ声にすぎない。アメリカがサダム個人の封じ込めを望んでいるのなら、イラク民衆の窮状をやわらげるような措置をとるべきだろう。市民が窮状に置かれ続ければ、サダムの政権基盤はさらに強化され、欧米に対する反発も強くなる。もし本当にサダムの追放を画策したいのなら、忍耐・決意・活力をもって行動を起こし、ばかげた声明を出すのをやめ、対イラク外交の一貫性を心がけるべきである。

封じ込めの実施と、その一方でサダムの親族ではないイラク政府内部勢力によるクーデターが成功するような環境を整える試みを組み合わせるのが、最も賢明なアプローチだろう。それには三つの政策が必要になる。第一に、ワシントンは公的声明のトーンを下げ、巻き返し政策をあまり口にしないようにしつつも、国内のクルド人やシーア派、あるいは近隣諸国を標的とするサダムの冒険主義への抑止力を温存すべきである。第二に、ワシントンは、封じ込め政策を必ずしも欧米諸国だけで実施する必要はなく、サダムを閉じ込めておきたいとする近隣諸国により多くを依存すべきである。第三に、封じ込め政策を緩和するとしても、イラクの核・化学・生物兵器プログラムに対する監視体制に支障が出ないように、封じ込めの緩和はほんのわずかとすべきだ。この監視体制は、信頼できる戦力によって支えられ、現在その任にあたっている国連が今後も役割を果たすことが望ましい。その一方で、人道的立場から、経済制裁をいくぶん緩和させるべきである。こうした措置を連動させれば、サダムの切り札であるイラク国内の緊急事態、社会的緊張がいくぶん緩和される。サダムのでたらめな統治に対する鬱積した不満を抱く政権内部の反対派は、行動を起こす十分な理由を持っており、そうした国内状況になれば、政権内部の反サダム派が基盤を強化する道も開かれるだろう。

サダムの後継者はおそらくイラクの治安組織の中から登場するだろう。これはそう歓迎すべき先行き予測ではないかもしれないが、反対派が蜂起するよりは現実的なシナリオだし、ウダイやクサイが後継者となるよりもよほどましだ。もし軍の指導層が民間の啓蒙グループや亡命者集団と手を組めば、状況は大きく進歩する。欧米は、なんとかイラクの政治・安全保障エリートを長いまどろみから目覚めさせるためのわずかな手助け程度はできる。同じバース党政権から後継者が出るとすれば、もう一つの残忍な独裁政権が誕生するだけかもしれない。だが、それでも、サダムの統治と比べれば、それほど残忍ではなくなり、近隣諸国に対する脅威も低下するだろうし、よほどましである。もちろん、この両方が実現するにこしたことはない。遅かれ早かれ、サダムの国内の同盟勢力が彼の最大の敵になる可能性は高い。

第三部　九・十一後の中東の現実とイラク侵攻策

パレスチナ紛争と中東政治の現実

Middle East Update

〔スピーカー〕
ジルス・ケペル
パリ行政学院政治学教授
サンドラ・マッケイ
コラムニスト
ワイチェ・フォーラー
前駐サウジアラビア・アメリカ大使
〔司会〕
デボラ・エーモス
ABCニュース報道記者

以下は、二〇〇二年四月十五日にニューヨークの米外交問題評議会で開かれた欧米の専門家による座談会の議事録からの要約・抜粋（発言順を入れ替えている部分もある）。

パレスチナ紛争とサダム追放政策

デボラ・エーモス　今夜のスピーカーは、最近中東に関する優れた著作を出版されたジルス・ケペル、サンドラ・マッケイの両氏。ケペルさんは、ヨーロッパを代表する中東専門家の一人で、『ジハード――政治的イスラム勢力の足跡』を出版されました。マッケイさんは、中東の政治・文化を専門とするコラムニストで、テレビでのコメンテーターとしても有名です。『イラクとサダム・フセインの遺産』を最近出版されました。そしてもう一人は、駐サウジアラビア大使として中東での長期にわたる経験をお持ちのワイチェ・フォーラーさんです。さて、ブッシュ政権は、必要なら単独でもサダム・フセイン追放策を実施したいと考えているようです。イスラエル・パレスチナ間の極度の混乱を前に、作戦実施のタイミングを見直すでしょうか。

ワイチェ・フォーラー　間違いなくそうなると思う。私が（強硬派の）ウォルフォウィッツ国防副長官の考えをよく知っているわけではないが、今回のイスラエル・パレスチナ間の衝突は、ブッシュ政権のあらゆるレベルに深い衝撃を与えていると思う。考えるべきは、アラブ諸国がアメリカのサダム追放策に賛成していないことだ。この点はチェイニー副大統領の中東歴訪によって、政権内でもすでに強く認識されているはずだ。「われわれもサダム・フセインは好きじゃない。だが、いまは彼をいじくりまわしているわけにはいかない」。湾岸地域のアラブ指導者たちは、ディック・チェイニーにこう伝えた。アラブ諸国の政府は、国内政治の観点からも、アメリカと共闘路線をとれる状態にはない。いずれにせよ、パレスチナの問題が解決されないかぎり、ブッシュ政権がイラクに進攻することは中東の環境からみて不可能だと思う。

イスラエル・パレスチナ問題については、もう一つ付け加えたい。それは、テレビの役割だ。イスラエルとアラブ世界のメディアは、それぞれ、一方的なニュースばかりを流し続けている。イスラエルのテレビ局はパレスチナ人による自爆テロの現場ばかりを報道し、ジェニンで何が起きたかは報道しないし、イスラエルの戦車がパレスチナ人の家を踏みつぶす様子が報道されることもない。一方、アルジャジーラだけでなく、その他のアラブ系ネットワークも、パレスチナ人に対するイスラエル軍の乱暴な行動ばかりを報道している。必要とされているのは、こうした悪循環を断ち切り、交渉へと向かわせるための真のリーダーシップ、そして、外部勢力による調停だろう。

サウジアラビアの役割

エーモス　中東のピースメーカーとしてのサウジアラビアの役割、そして飛行機をハイジャックし、同時多発テロを実行した犯人の多くがサウジアラビア国籍だったという事実。この不可解な現実を、リヤドはどうとらえているのでしょうか。

フォーラー　同時多発テロの実行犯の多くがサウジ国籍だったことを、リヤドはいまも気詰まりに感じ、困惑している。私の知るかぎり、リヤドは、なぜ実行犯の多くがサウジ国籍だったかについて、明快な因果関係を突き止めるには至っていない。現地では、「ビンラディンが、サウジとアメリカが協力してアフガニスタンでイスラム戦士を訓練していた十年前に、アルカイダの兵士をリクルートしたためではないか」と言われている（注1）。もしビンラディンが、自分が信頼できる人物を十年前にリクルートしようとしたのであれば、自分と出身国が同じ人物を重視したのは当然だったかもしれない。ただし、これはたんに現地で言われていることで、事実の裏づけはない。

次にピースメーカーとしてのサウジアラビアについて。まず、サウジの指導者たちが手練手管の政治家でもあることを指摘しておきたい。彼らの政治的鋭さは、例えば、アブドラ皇太子が、自分の中東和平案をニューヨーク・タイムズ紙のコラムニスト、トーマス・フリードマンに託したことからも明らかだろう。和平案の売り込みを、彼は、ピュリツァー賞受賞ジャーナリストに委ねた（注2）。

アブドラ皇太子を含むサウジアラビア側は、「アメリカとイスラエルはこの十年間に状況がいかに変化したかを理解していない」とかねて訴えていた。「アラブ世界はイスラエルの存在をもはや脅威とは感じていない。好きではないが、だからといってどうしようもないわけで、イスラエルと付き合っていく方法を学んでいくつもりだ」。これがサウジアラビアのメッセージだった。私はこのメッセージを、ブッシュ政権にも報告した。
　イスラエルとアラブ諸国が交渉によって何か合意できれば、サウジを中心とするアラブ世界はそうした合意を支持する。サウジ側は、このような認識を持っていた。二〇〇〇年の第二次インティファーダの開始以来、アブドラ皇太子の警告はますます危機感に満ちたものになっていた。アメリカがイスラエルとパレスチナ間の仲介の労をとり、和平交渉を再開させないかぎり、状況は管理不能になると彼は考えていた。そしていまや現実は彼が懸念したとおりになっている。

イラク進攻後の問題を考えよ

エーモス　マッケイさん、ブッシュ政権が仮にサダム追放策を実施するとして、イラクはその後も国としての一体性を保てるのでしょうか。

サンドラ・マッケイ　ブッシュ政権は、バグダッドの政権を交代させる計画を真剣に検討しているようだが、ここでは、ある牧師の言葉を引用したい。「何を祈るかを慎重に考えたほうがいい。いつかそれが現実になるかもしれないのだから」。対イラク政策についても同じことが言えるかもしれない。
　イラクを訪問した人ならだれでもわかることだが、たしかに、イラクはひどい状況に置かれているし、サダム・フセインが忌まわしい人物であるのも間違いない。したがって、彼を政権から排除すべきだという考えが出てきてもおかしくはない。だが、イラクがわれわれに深刻な脅威を突きつけているかどうか、これに明快な答えを出すのは難しい。「サダム・フセインと彼の大量破壊兵器が、どの程度の脅威をわれわれに突きつけているのか」「サダムを政権から追放した後に、イラクという部族社会にわれわれがどのように関与していくのか」という二つの設問にどう答えるか、そのバランスを考えなければならないからだ。

サダムを政権から追放できても、われわれは多くの問題に遭遇することになる。イラク社会では再び地縁主義・部族主義が蔓延しだしている。イギリスがこの国を一つにとりまとめ、ハシム家がイラク王国を建設した一九二一年以来、部族主義がつくりだす問題はいまや最悪の状態にあり、社会は完全に分裂している。サダム・フセインを含むイラクの歴代政権は、例えば、最近ではバース党を中心にこの国を一つにまとめ上げようと、地縁主義・部族主義の沈静化を試みてきた。だが、湾岸戦争後に独裁色を強めたサダムは、むしろ党への忠誠よりも、独裁の安定基盤を築こうと、部族主義の再興を放置し、それを利用しようとした。その結果、イラクにはいまや部族主義が蔓延している。

しかも、これがスンニ派、シーア派にとって何を意味するかを考えると、状況はますます複雑になる。人口の二割程度を占めるスンニ派は、イラクはアラブ世界の一部だと考えている。人口の六割を占めるシーア派は、アラブ系でありながらも、アラブ世界とかかわり合いになりたくないと考えている。むしろ彼らは、イラクがイラクであること、つまりユニークな国家として存続していくことを望んでいる。シーア派がアラブに組み込まれるのを嫌うのは、イラクがアラブ世界の一部として組み込まれていけばいくほど、抑圧的政治・経済システムから抜け出しにくくなると考えているからだ。さらにクルド人もいる。人口の二割を占める彼らは、むろんアラブ人ではないし、自治や分離・独立を強く求めている（訳注　イラク国内の主要な反政府勢力はシーア派とクルド人勢力だが、両勢力とも、内部に分裂を抱えている。宗教的多数派はシーア派だが、サダムの軍隊を固めているのは主にスンニ派）。

最低限いえるのは、サダム・フセインが、この国から市民社会の要素をすべてはぎ取ってしまっているために、サダムを追放すれば、そこに残されているのは、部族主義の対立が渦巻く混乱した社会でしかないということだ。追放策を実施すれば、われわれは国家建設に関与せざるを得なくなる。単独でサダム追放策を実施すれば、ますますイラクの泥沼に引きずり込まれる。簡単でわかりやすく、予見可能なものなど、イラクには何一つないことを理解しておくべきだろう。

国内ジハードの挫折とテロ路線

エーモス　ケペルさん、あなたは、イスラム原理主義が衰退しつつあるとお考えですね。中東世界の現実、そして、だれがこの世界での主導権を握っているのかについて、どうぞ。

ジルス・ケペル　イスラム世界において、原理主義者の革命運動がイスラムの名の下に権力を掌握できたのは、結局は七九年のイラン革命だけだった。八九年のスーダンでのバシル准将による権力掌握、九四年、そして九六年以降のタリバーンによるアフガニスタン支配などは、イスラム革命とはいえない。

イスラム主義運動が大きな流れを形成できるとすれば、それは、原理主義者が、さまざまなアラブ世界の集団をイスラム主義のスローガンの下に動員できた場合である。だが、中東の社会風景は一様ではない。一方では、都市部の貧しい青年層、人口爆発の落とし子たち、そして、過疎地から都市への大規模な人口流入などに特徴づけられる貧しい社会がある。その一方では、テヘランのバザールに象徴される中産階級も存在する。イスラム主義運動がこうした多様な社会層のアジェンダをうまく自分の政治目的の下に結集できれば、大きな流れをつくりだせる。

たしかに八〇年代の中東では、イスラム主義の下での政治的結束が見られた。イスラム主義運動は非常に力強く、この時期に中東の政治舞台の中央に立っていたのは彼らだった。こうしたイスラム主義運動がピークを迎えたのは八九年、つまり、アフガニスタンでのジハードが、ソビエト軍を最終的に撤退させるのに成功したときだったと私は考えている。もっとも、アフガニスタンでのジハードの勝利は、皮肉にも、アメリカとサウジアラビアの援助によって支えられていた。

だが、翌年サダム・フセインがクウェートに侵攻すると、イスラム主義運動は分裂し始める。一つはサウジアラビアに象徴される敬虔な中産階級層で、この層の人々は、支配エリート層にすり寄るか、あるいは、非イスラム的な勢力と一体化しようとした。こうした現象は、トルコ、エジプト、アルジェリアなどでもみられた。一方、急進的なイスラム勢力はわが道を邁進した。彼らは、かつてアフガニスタンで起きたジハードの勝利に酔いしれていた。イスラム主義者たちは、今度は、ジハードを自国政府相手に国内で戦おうと考えた。アルジェリア、エジプトその他で起きた内戦や反政府運動はこの文脈で説明できる。だが、この試みは失敗に終わる。

反政府ゲリラ活動で挫折した原理主義者たちは、九六、九七年あたりから、純然たるテロ行為に訴えるようになった。九六年のダーランの米軍宿舎爆破テロ、九八年のケニアとタンザニアの米国大使館での同時爆弾テロ、二〇〇〇年の米海軍イージス駆逐艦コールに対するイエメンでの爆破テロ、そしてこの流れが、二〇〇一年の米同時多発テロへと続いていく。

しかし、こうしたテロという暴力主義がみられるからといって、それを力強いイスラム主義運動が存在する証拠とみなすのは間違っている。むしろ、彼らの暴力路線は、イスラムのさまざまな社会・宗教層を動員する力、つまり、自分たちに権力を掌握する力がないことを認識した結果、彼らが採用した路線だった。彼らは暴力を通じて、広範なイスラム社会層の士気を高め、その感情に訴えかけようとした。テロで西洋を炎に包み込んで、中東の民衆を高揚させ、そのうえで、イスラム主義への支持をとりまとめようとしたのだ。

だが、それも失敗に終わった。九月十一日以降、イスラム原理主義者はイスラム世界の民衆に「西洋に対するジハード」に参加するように呼びかけたが、成功しなかった。九月十一日以降の、私の中東における実体験からいえば、この地域でビンラディンへの熱い支持が、特に学生や若者を中心に高まっているのは事実だ。しかし、そこにビンラディンへの熱狂が存在するとしても、それによってイスラム主義者が、イスラムの多様な社会層を動員し、取り込めているとはいえない。

混乱のなかの現状維持

エーモス　それでも現状では、中東各国の政権はより不安定化しているとみるべきなのか。

ケペル　中東の政権は安定性と正統性という二つの深刻な問題に苦慮している。というのも、今回イスラエルを相手に戦っているのは、アラブの軍隊ではなく、パレスチナ人だからだ。一九四八、五六、六七、七三年の一連の中東戦争でイスラエル軍と戦ったのはアラブの軍隊だった。だがいまでは、中東世界のすべての人々が、アラブの軍隊ではイスラエル軍に太刀打ちできないことを理解している。

中東各国の政府は、イスラエルと戦う力もなければ、民主的正統性も持っていない。それでも彼らが政権の座にあるのは、「軍隊は自国を守る力を持っている」とこれまで民衆を説得してきたからだ。しかし、その軍隊もいまでは力を失っている。

カイロで数週間前に、パレスチナ支持のデモが行われたが、群衆はイスラエルを批判し、パレスチナを支持しただけでなく、「われわれの軍隊は何をしている」と叫んでいた。「軍隊は国内で自国民を抑圧している」。これが回答だろう。もはやアラブの軍隊には外敵と戦う力はなく、こうした事態は深刻な意味合いを持つ。

なぜ軍隊が存在し、なぜ抑圧が行われ、なぜ市民的な自由が制限されているのか、これらのすべてを正当化するために「外敵と戦うため」という説明がなされてきた。だが、その軍隊にはもう「外敵と戦う」力はない。こうなると、軍隊の存在理由だけでなく、政府の正統性そのものが脅かされる。

だが、社会が不安定であることと、イスラム主義者が中東の政権を転覆させられるかどうかは、全く別の話だ。イスラム主義者がうまく革命を起こせるかどうかと、民衆の不満の高まりを関連づけるべきではない。政権を倒すには、イスラム革命に強くコミットしている、かなりの数の人々が必要になる。今後当面は、社会不満が高まっても、イスラム主義者が革命を起こせる可能性は小さい。イスラム主義者には、社会的緊張を高めることはできても、現在の政権を打倒する力はない。

例えば、欧米世界に友好的なエジプトのムバラク大統領がどのような状態に置かれているかを考えてみるがいい。彼は原則的に、カイロの喧騒のなかで暮らすのを嫌い、可能なかぎり、シナイ半島で生活するようにしている。そして、カイロの彼の邸宅は、驚くなかれ、空軍兵舎に取り囲まれた場所につくられている。これは、かつてスルタン(イスラム教国の君主)が、命をかけてもスルタンを守る近衛騎兵に取り囲まれて暮らしていたのと同じことだ。近衛騎兵は、主君を失えば、自らもすべてを失うと考えていた。指導者と兵士が運命共同体である点では、ムバラクも同じだ。だから、困難な状況に置かれているとしても、中東各国の政権は倒れにくい。

エーモス　では次に質疑応答に移ります。

イラク進攻のハードル

質問者　現状と、湾岸戦争末期の状況にはどこか相通じる部分があると思う。「バグダッドに進攻して、サダム・フセインを政権の座から引きずり下ろす」。ブッシュ大統領の父親がかつて直面したこの問題に、現大統領がいま直面しているように思うが。

マッケイ　たしかにご指摘のとおりだと思う。一九九一年にわれわれがバグダッドに進攻しなかったのは、湾岸戦争への同意をめぐってアラブ諸国と取り交わした盟約があったからだ。われわれは、クウェートとサウジアラビアに兵を送り、一部のアラブ諸国も多国籍軍に参加した。だが、これらはすべて、アメリカがイラクには進攻しない、つまり、クウェートからイラク兵を追い出し、そこで作戦をやめることを前提としていた。「単独でもサダム追放策を実施できる」という声を現在耳にする。たしかにサダム追放策そのものはそれほど難しい任務ではないかもしれない。だが、作戦を遂行するには現地での基地が必要だし、必然的にアラブ諸国の同意が必要になる。かつての状況といまの状況には共通点が多い。

質問者　サダム追放策をめぐって、われわれの同盟勢力としてイラク国民会議（ＩＮＣ）が引き合いに出されることも多い。彼らは国内での支持基盤を持っているのか。また協力関係を結ぶ資格を持っているのだろうか。

マッケイ　ＩＮＣはイラク国内では「よそ者」とみなされている。ＩＮＣの最大の問題は、この組織が、多様な集団を内包しているとはいえ、基本的にシーア派を主流とする組織であることだ。彼らは、反政府ゲリラ部隊を国内に送り込んで、それをアメリカの資金、アメリカの飛行機、アメリカの部隊に支えてもらい、民衆蜂起を起こすことを考えている。

ここで考えるべきは、サダム・フセインが持つ大きな軍隊が（宗教的少数派である）スンニ派の兵士によって構成されていることだ。サダムの兵士たちにとっての悪夢は、民衆蜂起が流血の惨事を引き起こし、シーア派がスンニ派に抱く怨念のうっぷん晴らしの対象とされてしまうこと、アメリカ軍を相手にサダムの軍隊として戦わざるを得なくなり、完膚なきまでにたたきのめされること、そして、スンニ派イラクをアメリカが崩壊させ、その後、シーア派イラクの政権が樹立されることだ。多様な集団を内包しているとはいえ、ＩＮＣの主流はシーア派であり、そのシーア派の最大の目的は、シーア派のアジェンダを推進し、シーア派の利益を確保することでしかなく、これが問題だ。アハマド・チャラビはその極端な例であり、自己中心的な彼は、アメリカの力を借りて自分が「イラクの王」になることにしか関心がないようだ。当然ながら、追放作戦がうまくいったとしても、INCに統治能力があるとは思えない。

アラブとパレスチナの関係は

質問者 アラブ諸国は本当にパレスチナのことを心配しているのだろうか。

ケペル どの程度心配しているかはわからないが、アラファトが、アラブ諸国にとってこれまで長く頭痛の種だったことは間違いない。だが、いまやアラファトはアラブの大衆の英雄となり、アラブの指導者にとっても問題を超越した存在になっている。エジプトのムバラク、サウジアラビアのアブドラ皇太子、シリアの大統領が、彼を心のなかでどう思っていようと、アラファトをとりあえず支援すれば、国内的な正統性（＝政治的支持）を強化できるからだ。

ご存じのとおり、一九六七年までは、パレスチナの大義を促進するかどうかは、アラブ諸国の意向次第だった。だが、六日戦争に敗れて以来、パレスチナの大義をアラファトが自由に主張できるようになった。アラブ諸国はこれまで何度も、アラファトを自分たちの影響下に置こうと試みてきた。だが、今回再び紛争が始まり、アラファトがラマラで監禁状態に置かれたことによって、彼は再びアラブ世界の英雄となってしまった。これは、シャロンはもちろん、アラブの指導者たちにとっても、頭が痛い状況かもしれない。

フォーラー　まさしくそれが問題の本質だ。世界中のユダヤ人が、アメリカの中東政策や中東での政治を、すべてイスラエルやイスラエルの安全という観点からとらえようとし、一方で、アラブ世界の民衆は、自らのアイデンティティーと安全をパレスチナの大義という観点からとらえようとする。だからこそ、問題はますます深刻化する。

サウジの今後

質問者　サウジ政府は、現在の社会的危機を克服できるのか。
フォーラー　多くの人々がサウジアラビア政府、サウド家の崩壊を、この四十五年にわたって、ほぼ五年周期で予測し続けてきた。個人的には、私はサウジアラビア政府が存続の危機に直面する恐れは、いまのところないとみている。理由を一つ挙げるなら、アブドラ皇太子の人気が非常に高いことだ。彼は、信心と徳を備えた人物とみなされている。彼の兄弟とは違って、皇太子が腐敗や汚職に手を染めているという噂もない。

ペースはひどくゆっくりしているが、皇太子は、女性の職場進出と権利の保証、外資の呼び込み、WTO（世界貿易機関）への加盟などを視野に入れた経済改革も試みている。これまでも私は多くの人に、サウジでいくら激しいデモが起きたとしても、それは、「サッカーの試合の後で、若者が辺りを走り回って、物を壊すようなものだ」と説明してきた。私が大使として赴任していたときに、戦車が町に投入されたことはなかったし、群衆を抑えつけるために特殊部隊が投入されたこともなかった。

たしかに、一九七九年のイランのように、われわれの予想を超えた事態がサウジアラビアで起きないとは断言できない。だが、サウジには、質の高いリーダーシップが存在するし、彼は中東地域全域で尊敬されている。これが、国内的にも彼とサウド家の名声を高めている。

質問者　ケペルさんへの質問です。先ほど、フォーラー大使は、イスラエル・パレスチナ間の問題が解決しないかぎり、イラクに対する作戦が実施されることはあり得ないと言われましたが、アラブ諸国はアメリカを絶対に支援しないでしょうか。

ケペル　イスラエル・パレスチナ問題がいまのような状態にあるかぎり、その解決に向けてアメリカは、中東諸国、あるいはヨーロッパの助けを必要とする。そうしたなかで、ワシントンがサダム・フセインに対する軍事行動を起こすのは非常に難しい。そのような事態になれば、アラブの街頭は大変な騒ぎになり、中東の各国政府は困難な状況に追い込まれる。

ただでさえ、アラブ市民たちは、自国の政府がパレスチナに対して十分な支援をしていないと考えており、そのような状況で、アメリカのサダム追放策に同意を示せば、大変な混乱に陥る。アラブ諸国の指導者は、国内政治上のコストからみても、アメリカによるサダム追放策を支持することはあり得ない。

質問者　九月十一日のテロ実行犯の多くがサウジアラビア人だったこと、サウジの資金が絡んでいたことはすでにわかっている。サウジ国内でのビンラディン支援体制について、フォーラー大使にお伺いしたい。

フォーラー　アフリカでの米大使館爆破テロ、サウジアラビアの米軍基地での爆破テロその他について、ビンラディンが黒幕であることは当時からほぼわかっていた。当然、クリントン政権も、ビンラディンの所在、資金源を突き止めようと試みた。

大使時代に、私は複数のサウジアラビア人を雇って調査をしたことがある。彼らをモスクに送り込んで、金曜の説教で反米主義、反西洋主義、反ユダヤ主義が語られているかどうか、どのようにしてテロ・ネットワークの文書が配布されているのか、サウジアラビアの米大使館がテロ攻撃の対象にされているかどうかを調べさせた。だが、われわれは何も発見できなかった。そこに何の支援ネットワークもなかったというつもりはないが、その明確な痕跡は見つけられなかった。

ケペル　私が本を執筆するために行った聞き取り調査でのエピソードを紹介したい。スイスで暮らすサウジアラビア系の若者と長く話し込んだことがある。彼は西洋化された家庭に生まれた、きわめて西洋的な人物だった。彼が披露してくれた話とは、彼の父親が子供を集めて、財産分けの話をしたときに「お前たちには応分の取り分を与えるが、二〇%はビンラディンに提供する」と語ったというエピソードだった。もちろん、彼の父親は宗教に熱心なタイプでもなければ、原理主義者でもなかった。つまり、ビンラディンを支持しているのは、原理主義者や強固な宗教的考えを持つ人々だけではないということだ。

言い換えるなら、中東世界における社会バランスが崩れていると感じたり、あるいは、現状に不満を感じたりしている世界のアラブ系の人々にとって、ビンラディンはその憂さを晴らす象徴なのだ。支持基盤にこのような地域的広がりがあるために、サウジアラビア国内で明確な支援ネットワークの痕跡を見つけ出すのも簡単ではないのだろう。客観的に言って、テロ・ネットワークの資金源が何だったのか、だれが何のために資金を提供したのかについては、実際にはまだよくわかっていない。

(注1) 詳しくは「アフガニスタンという帝国の墓場」ミルトン・ベアーデン(『フォーリン・アフェアーズ日本語版』二〇〇一年十一月号、『論座』二〇〇一年十二月号)。

(注2) 和平案の大枠は、アブドラ皇太子のインタビュー記事として、二〇〇二年二月にニューヨーク・タイムズ紙に掲載された。トーマス・フリードマンは『レクサスとオリーブの木——グローバリゼーションの正体』などの著作を持つ、ニューヨーク・タイムズの外交コラムニスト。一九八三年にレバノンからのリポートで国際報道部門、八八年にイスラエルからのリポートで国際報道部門、そして今年、世界各地のテロの実態を伝えたとしてコメンタリー部門で、ピュリツァー賞を三度受賞している。

中東世界でのアメリカの孤独

The Sentry's Solitude

フォアド・アジャミー
ジョンズ・ホプキンズ大学教授

パックス・アメリカーナとアラブ世界

反米主義の叫び声はアラブ世界のいたるところでこれまでもつねに鳴り響いていた。しかし、声を大にしてアメリカ批判を繰り返す人々も、九月十一日に何が起きるかについては知る由もなかった。二〇〇一年九月十一日火曜日。アメリカを襲ったすさまじい恐怖は、アラブの反米主義者を一時的に困惑させ、沈黙させた。顧みれば、アラブ・イスラム世界におけるアメリカの絶対的な力が怪物を誕生させていたのだ。皮肉にも、中東・アラブ世界への関心が低いことで知られていたアメリカの新政権は、アメリカに手招きし、アメリカを血まみれにした世界へといまや引きずり込まれつつある。

歴史が繰り返すことはあり得ない。しかし、コリン・パウエル国務長官が米市民に「テロリズムに対する国際的連帯が形成されるだろう」と請け合ったとき、アメリカ人はみな彼を一躍有名にした「あの戦争」に思いを馳せた。「最初に供給ラインを切断し、そして兵力を粉砕する」。一九九一年にパウエルはイラク軍に対する軍事作戦についてこう述べた。かつて多国籍軍という国際的連帯が存在し、パックス・アメリカーナの勝利のトランペットがアラブ世界にも鳴り響いた。しかし、イスラム世界の人々は、十年前のアメリカの勝利後も自分の道を歩き、自分の意志を貫いてきた。イスラム世界の政治構図は大きく変化した。この十年間は、ペルシャ湾岸での戦争がアメリカへと逆流していくプロセスだったといえよう。アメリカの圧倒的な優位が、（人間の思い上がりを罰する）ネメシスの女神をそこに誕生させていたのだ。

アメリカのアラブ専門家たちのなかには、アメリカが押しつけようとしたパレスチナ問題の妥結案や、二〇〇〇年九月に始まった第二次インティファーダ（民衆蜂起）によって、アラブ世界に立ちこめる不快な反米主義が呼び覚まされていなければ、中東地域の政治的安定は維持されていただろうと主張する者もいる。だが、こうした主張は中東政治の現実をひどく見誤らせるものだ。イスラム世界で反米テロが頻繁に起きるようになったのは、第二次インティファーダが起きるはるか前、ヤセル・アラファトが国際政治のアウトサイダー転じてパックス・アメリカーナの懐へと抱かれつつあったころだが、テロの実行者たちにとって、パレスチナ問題など眼中になかったというのが真実だ。テロリストたちが、アラファトのことをどのように考え、また、彼がビル・クリントンの中東外交の手段となったことをどのように見ていたかなど、推して知るべし、である。

テロは着実に実行されてきた。テロ行為の地理的空間の広がりとそのターゲットを見れば、テロ組織の資金力の大きさと大胆さがわかる。最初の対米直接テロ攻撃となった一九九三年の世界貿易センターへのトラックによる爆弾テロは、エジプトの宗教指導者オマル・アブデルラーマンに啓発された人物による行動だった。アメリカにとって、この煽動的な宗教指導者は特異な来訪者だった。彼は、世俗化したエジプトのホスニ・ムバラク政権との戦いを継続するために、アメリカという「不信心の地」へとやってきた。アブデルラーマンは、ムバラクの前任者であるサダト大統領の暗殺にも関与していた。若い暗殺者たちはアブデルラーマンに宗教的教えを請い、彼が示した「教え」が暴君殺害の命令だった。だが、暴君殺害の命令の内容が曖昧だったために、結局アブデルラーマンはエジプトからの出国を許される。周りには弟子や通訳が数多くいたため、英語の知識がなくても彼は何も心配することはなかった。エジプトは、アメリカの絶対的な力によって、その秩序や軌道に取り込まれていた。であればこそ、アブデルラーマンはアメリカにいても遠く離れたエジプトへのつながりを保てたのだ。

アブデルラーマンは彼の祖国、エジプトの政権を倒せなかった。しかし、アメリカとエジプトはつながっていたし、エジプト政府を苦しめていた武装イスラム勢力の活動が、アメリカにいるアブデルラーマンを常に刺激していた。一方（祖国にいる）彼の支持者の目には、アブデルラーマンは、いつの日かイスラム国家建設のために西洋から帰郷する「エジプトのアヤトラ・ホメイニ」と映っていた。アブデルラーマンが思い描く世界の見取り図は単純明快だった。彼は、アメリカとエジプトをつなぐ生命線を断ち切れば、祖国の「独裁政権」は崩れ去ると考えていた。アブデルラーマンがアメリカ文化などに関心を持つはずもない。彼にとってアメリカは、そこに身を置くことで、自分の国の支配者を苦しめることのできる場所にすぎなかった。だが時とともに、アブデルラーマンの試みは壁にぶつかるようになる。エジプト政府は、崩壊の瀬戸際まで追い詰められたが、イスラム過激派との長期戦を経てなんとか暴動を鎮圧することに成功し、アブデルラーマンも結局はアメリカの監獄で生活を送ることになる。とはいえ、彼はアラブの怒りに火をつけることには成功した。彼が首謀者だった一九九三年の世界貿易センターへの攻撃は、二〇〇一年九月十一日の大惨劇のリハーサルだったのだ。道を切り開き、未来を示したのはアブデルラーマンだった（訳注　アブデルラーマンは、世界貿易センターの爆破テロなどの首謀者として、一九九六年にアメリカで終身刑判決を受け、服役している）。

アメリカとヨーロッパには新たなイスラム・コミュニティーが誕生しており、そこには、意のままにできる自由と資金があった。こうして、政治的イスラム勢力の世界的分布図が描き直されることになる。アヤトラ・ホメイニがアメリカを相手に戦いを挑んだとき、汎イスラム主義軍事作戦の世界規模の展開（つまりは世界的イスラム革命）もささやかれた。しかし、イランは自国の国境外の革命には関心を示さなかった。そこにいたのは聖なる兵士ではなく、子羊たちだったのだ。実際、イスラムの兵士たちは、伝統的なイスラム世界からは切り離されている。アフガニスタンにいるアラブ人軍事指導者たちも、ソビエトとのアフガニスタン戦争以来、すっかり落ち着きをなくしていた。彼らは祖国を追われ、だれのものでもないこの地で身動きできなくなり、かといって、西洋世界で安らぎを得られるわけでもなかった。チュニジア、エジプト、アルジェリアでの執拗なイスラム主義運動も結局は政府によって抑え込まれ、サウジアラビアでは穏健なイスラム主義者の活動さえもが封じ込められた。祖国政府の対イスラム過激派作戦が見事な成果を上げ、その結果、彼らは西洋の地に姿を現すことになる。西洋の自由な社会がイスラム過激派に避難所を提供し、彼らはいつの日か武器を手に蜂起することを考えていた。

イスラムの過激派もいまや近代技術を身につけている。飛行機で移動し、旅客機の操縦術やコンピューター・スキルを身につけ、西洋の近代的生活にとけ込んでいる。彼らはアメリカ、ドイツ、フランスを憎んでいるが、それでもこれらの国に流れ込んでいる。彼らは伝統や信条を厳格に実践したが、祖国でイスラム社会を実現するのはもはや不可能だった。その結果、イスラム世界の膨大な人口が西洋世界に殺到した。祖国の冷酷な治安部隊が宗教上の英雄的な活動を容赦なく弾圧していることも、この流れを大きくした。そして、祖国から追われ、西洋で満たされぬ思いを抱きつつ生活するイスラム過激派に、聖なるテロの神学と、陰謀をめぐらす工作員として生活する資金を与えたのが、アブデルラーマンやオサマ・ビンラディンのような人物たちだった。

大財閥の後継者として生まれたビンラディンは、大きな富を所有していた。これが彼にオーラを与えた。ビンラディンはイスラム世界のチェ・ゲバラなのだ。彼は、恵まれた環境をかなぐり捨てつつも、それをうまく利用している。アメリカとイスラム世界の間には縫い目がある。ビンラディンはこの縫い目に沿って、自分たちのための狭い空間、攻撃目標、そして支持基盤を見いだした。彼らは、イスラムの地が悲惨な状況にあるのはアメリカのせいだと確信し、祖国とアメリカの同盟関係を揺るがすことにさえ成功すれば、サウジアラビアやエジプトの政権を倒せると思い込んでいる。

サウジアラビアの十字軍

一九九〇年代、中東でのアメリカのプレゼンスにはつねにテロの影がつきまとった。サウジアラビアでは爆弾テロがすでに二度起きている。九五年十一月にはリヤドで、九六年六月にはダーランの米軍基地宿舎近くのコーバー・タワーで爆弾テロが起きた。九八年には、タンザニアとケニアのアメリカ大使館が爆弾テロに遭い、二〇〇〇年十月には、イエメンに停泊中の米海軍のイージス艦コールに対する大胆不敵なテロ事件も起きた。湾岸の米軍もテロの対象にされている。

こうしたテロリズムの流れのなか、シンボル（象徴）と機会がともに回転していった。テロによる物理的ダメージには政治的・文化的メッセージが込められていた。テロは、メディア時代の群衆の目を意識している。ダーランは、アメリカの石油企業がこの地に姿を現し、アメリカのイメージに沿ってこの町を建設して以来、アラブ世界でのアメリカの（ビジネス）プレゼンスを「象徴」する都市だった。しかしその後、状況は変化する。一九九〇年代、ダーランは、イラク領土内に設けられた飛行禁止空域の監視拠点とされ、軍事的なプレゼンスのシンボルになっていく。ダーランで起きた米軍へのテロ攻撃が、アメリカとサウジアラビアの同盟関係への反発に端を発するものだったのは明らかだろう。たしかに、サウジ王国は崩壊しなかったし、レバノン化することもなかった。しかし、サウジアラビアのシーア派の協力を得たイラン人とみられるテロリストたちは、この事件を通じて破壊、そしてメッセージを与えた。彼らは、アラビア半島での外国人のプレゼンスに挑戦状を突きつけたのだ。その後、サウジアラビアでも、この国の保守的な宗教観とは相いれない過激派イスラム勢力が登場し、報復主義的で過激な行動をとるようになる。

一方ウラマー（イスラム教の宗教指導者）たちは、サウジアラビア王室による統治とうまく折り合いをつけていた。彼らは、支配者への服従を旨とする宗教的教えの下で、この国の秩序を支える王室のパートナーだった。ナセル時代のエジプト、パーレビ国王時代のイランとは違い、サウジアラビアでは、近代主義者の野心的思想が社会的影響力を持つことはなかった。だが、サウジアラビア政府は、湾岸戦争後に登場し、国内統治や、政府のアメリカとのつながりをめぐって支配者に挑戦し始めた勢力との折り合いをつけられなかった。支配者の周りにいる保守派の取り巻きとは違って、この新たな「救済者」たちは、サウド家の解体を公然と求めるようなことまではしなかったが、外国勢力とのかかわりを否定した急進的秩序づくりを提案した。一九九〇年代には暴動がいたるところで起きるようになり、そこでは新たなユートピア思想が徘徊しだしていた。「サウジアラビア東部のシーア派マイノリティーを排除し、カリフォルニアやテキサスのキャンパスで教育を受けたサウジのリベラル派たちも傍流へ追い落とす必要がある。異教徒とのつながりを断ち切り、西洋の文化汚染を引き起こす衛星放送受信アンテナも取り除く必要がある」。だがこれらを実現するには、まず、アラビア半島からアメリカのプレゼンスをなくし、すべてのアメリカ人をこの土地から締め出す必要があった。

湾岸戦争後にサウジアラビア人が耐乏生活を強いられるなか、宗教色に彩られた社会不安が高まっていた。支配者が、これまでのように（石油からの収益を基盤とする）手厚い社会保障を提供できなくなるとすれば、批判の矛先を向けるべきは、外国人、そして彼らが持ち込んだ枠組みとその不当な要求だった。忘れてならないのは、こうした反政府勢力が宗教的カルト集団ではなく、現地社会を構成する人々だったということだ。彼らは西洋の情報とトレンドを半ば学びつつ、アメリカがアラビア半島を従属下に置いていることを示そうと、外国の情報を恣意的に利用した。対米批判を展開するためのイスラムの煽動家がアラビア半島に集まり始め、反乱は広がりをみせていく。反体制派が表舞台に登場し、その後、著名な批評家その他が次々と反米論を展開した。外国人嫌いの排外主義者は、アラビア半島にやってくる「十字軍」を厳しく批判するようになった。

宗教学者で、「パラノイア政治」の実践者であるサファール・アル・ハワリは次のように指摘した。「これ（アメリカのプレゼンス）は私が予想していた以上の災難であり、全能の神がアラビア半島を創造されて以来、われわれが経験したいかなる脅威よりも大きな災難である」。アメリカ人はアラビア半島を支配するためにこの地にやってきて、西洋のおぞましいモラルを発散させている、と彼は警告した。

アルジェリア、エジプト、シリア、イラクとは違って、サウジアラビアには反植民地感情はみられなかった。だが、（湾岸戦争期の）サウジアラビアとアメリカの出合いの明快さもいまとなっては過去のものだ。かつてサウジアラビアの宗教法学者アブドゥル・アジーズ・イブン・バズはそのファトワ（宗教命令）において、アラビア半島におけるアメリカのプレゼンスが伴う弊害を明確には認めず、むしろダーランで起きた爆弾テロを「イスラムの教えに背くものだ」と批判した。この事件の被害は数多くの人々の生命と財産を脅かしており、この点で「イスラム教徒と他の人々の間に区別はない」。こうした非イスラム教徒たちにわれわれは安全を約束していた、と。

イブン・バズにとって、「犯罪行為」に手を染めた人物たちを戒めるような、聖典の文章、イスラムの伝統を引き合いに出すのは簡単なことだった。預言者モハメッドの言葉とされる「同盟者を殺す者は天国の入り口にさえ近づけない」を引用して諭した上で、コーランからは次のような神の言葉を引いた。「アラーと神の使者に対する戦争を起こし、アラビアに混乱を蔓延させるものは死刑か磔の刑に処せられるか、手足を互い違いに片方ずつ切断されるか、あるいは国から追放される。そうした者はこの世において辱めを受け、来世においても厳しく罰せられる」。イブン・バズは、宗教指導者としての節度を保ち、テロ事件の犠牲者がだれであるかや、アメリカ人がアラビアの地にいることをあえて指摘しなかった。彼はイスラム法学者として聖典を引用し、信仰からの自制を促した。

イブン・バズにとって信条とはすなわち秩序であり、無秩序は信条に反するものだった。だが、イブン・バズの考える信条の背後では、(他の者たちが) イスラム的信条を戦争の道具として利用しつつあった。それから二年後、ビンラディンは、彼独自の煽動的なファトワを発する。殺戮と聖戦を求めたこのファトワについては、すでにバーナード・ルイスが『フォーリン・アフェアーズ』誌でその分析を示している(訳注　邦訳＝「殺しのライセンス」、『フォーリン・アフェアーズ日本語版』二〇〇一年十月号、『論座』二〇〇一年十一月号掲載)。

イスラム的信条が求める拘束や規範など微塵も気にかけないビンラディンは、そもそもファトワを発すべき立場の人物ではない。だが彼はイスラム的信条を自らの手に奪い取り、そうすることが可能なすべての国にいるすべてのイスラム教徒に、「アメリカ人とその同盟関係にある人間を殺せ」と呼びかけた。アラビアの地にアメリカ人がはびこっている、と彼は述べた。「すでに七年以上にわたって、米軍はアラビアというイスラムのもっとも聖なる地を占領し続け、富を略奪し、支配者を隷属させ、民衆を辱め、近隣諸国を脅かし、アラビア半島の基地を近隣のイスラムの民衆を攻撃するための最前線として利用している」。こうして、殺人的意図を持つ排外主義感情に宗教的な装いがまとわされた。

中東の「難しさ」

二〇〇〇年十月十二日に起きたイージス艦コールに対する爆弾テロは、今回のテロ攻撃からは遠く離れた事件だった。この日、(爆弾を満載した) 小型モーターボートに乗った二人組が、イエメン南部のアデン港に燃料補給のために入港していたコールに体当たりテロを敢行した。目撃者の話によれば、犠牲者とともに死亡した実行犯たちは、衝突の瞬間、まるで何かの儀式でもあるかのように直立不動の姿勢をとっていたという。

アメリカは中東世界のシーレーンを管理しているが、海岸線から背後に忍び寄るネメシスは、アメリカの守備範囲を超えた広がりをもっている。事件の調査委員会は「イージス艦コールに対する攻撃は、われわれの戦力、特に移動中の戦力を守る試みに穴があることを図らずも実証してしまった」とリポートで指摘したが、現地で動いていた「怒り」のメカニズムについての描写もなければ、それが何であるかについての言及もなかった。

イージス艦コールへのテロ攻撃は、湾岸でのアメリカの安全保障のジレンマを浮き彫りにしている。米海軍にとって、イエメンは特に安心できる友好的な場所ではない。この国は、湾岸戦争ではサダム・フセイン寄りの姿勢をとったし、一九九四年には、国内の南部地域と北部地域の間で、イデオロギーや民族の断層ラインに沿って残忍な内戦が起きるなど、底なしの大きな問題を抱え込んでいる。政府が、領土や海岸線をうまく管理しているわけではなく、アデンは浮浪者や密輸入業者であふれ返っている。さらに、反米テロの資金を提供しているとみられるビンラディンの家系はそもそもイエメン南部のハドラマウトの出身で、そこにはオサマ・ビンラディンの支持者がいまも数多くいる。

イエメン、そしてアデンでの安全対策に米軍はもっと気を配るべきだった。だが、一九九九年初めまでには、米海軍の戦艦がイエメンの港に寄港し始めていた。これは、米海軍が、寄港地という面でスエズ運河の以南にはまともな選択肢を持っていないことと関係がある。スーダン、ソマリア、ジブチ、エリトリアの港への寄港は、おそらくは、イエメンへ寄港する以上の危険を伴う。また、米軍がサウジアラビアで特権的立場を維持しているといっても、現地の人々も、米軍も同様に問題に直面している。実際、九五年と九六年のテロ攻撃によって、計二十四人のアメリカ人が犠牲になっている。

もちろん、米軍の司令官や戦略立案者もイエメンが危険地域であることは理解していたし、米海軍はそうしたリスクを承知でこの国の港を使用していた。だが、テロリストたちもイエメンで自由に活動していた。アメリカの戦略立案者はこの地域での米軍のプレゼンスが、不安定な地域をますます危険にしてしまうことに対する認識が足りなかった。これは、圧倒的な力を持つ帝国主義勢力が陥りがちな問題の明白かつ残酷な具体例であろう。

ニューヨーク・タイムズ紙のジョン・バーンズ記者は米イージス艦へのテロに対する現地の反応について、異例なほど明確なトーンで次のような記事をアデンから送っている。イエメンで彼が見て取ったのは、「当惑した、どちらとも言えぬ驚きの感情」、現地の人々が「絶対的な力を持つアメリカが、小型のモーターボートに乗った二人のアラブ人男性に鼻をへし折られたことに、ときに溜飲を下げ、喜んでいる」様子だった。これは、アラブ世界におけるアメリカのプレゼンスが、またアラブ・イスラムの地でのパックス・アメリカーナが、帝国主義的プレゼンスとしてみなされていたことの証拠であろう。

この驚くべきテロを背後で画策していた人物たちがいた。いたるところで見られる反米主義をうまく利用した彼らは、イスラム主義者だけでなく、世俗化した人々もアメリカによい感情を抱いていないことを理解していた。カラチ、カイロ、アンマンの群衆は、自分たちの置かれている窮状を大国が正してくれることなど決してあり得ないと考えていた。社会問題を正していくための手立てや政治空間を持たない世界は、不満を反米主義として昇華させた。

アラブには、「義理の娘に話をすれば、近所の人々の耳に入る」ということわざがある。知識階級や政治指導層がアメリカとイスラエルの悪口を言う、怒りに満ちた環境のなかでは、（それによって）煽動された人々もアメリカの悪口を言い、支配者に対しても疑問を感じだす。ずるがしこい支配者はこのゲームを理解していた。だからこそ、アメリカへの全面的支援が支配者の口から漏れ出ることも、アメリカの行動が公的に擁護されることもあり得ない。

むしろ、支配者は民衆の先回りをして、そこから、民衆が必要とする安全弁を彼らに提供する。支配者たちは、政府がアメリカに近づいていけばいくほど、政治階級はますます反米的となり、政治的混乱が起きることを知っている。アメリカがエジプトにいくら寛大な支援を与えても、エジプトの政治階級がアメリカに抱く怒りが消えることはない。事実、エジプトの政府系新聞は、エジプトに対する米・イスラエルの極端な陰謀論を打ち上げている。

二〇〇一年九月十一日の事件を目にしても、エジプトの上流階級は状況を悲しむのではなく、むしろ喜び、アメリカが当然の報いを受けたという満足感を感じていた。アメリカがエジプトの立場に配慮するようになってほぼ三十年、両国間の交流は盛んになったが、この奇妙なまでに敵対的で、不満の多い国で、アメリカが本当の友人を見つけだすのはほぼ絶望的だ。

エジプト人はすでに長期間にわたって、自国の経済・軍事パフォーマンスに失望し続けている。この痛みは、エジプトの自己認識の高まりと、この国の近代史の特徴ともいえる貧困と対外依存という現実とのギャップから生じている。イスラエルとアメリカに対する怒りは、悲しみといらだちに彩られるこの国の歴史に根ざしている。エジプトでの生活の多くは、この国の新聞や研究者が解明できるようなものではない。支配者の統治手法、権威主義国家の実態、ムバラクの後継者問題、米軍とエジプト軍の共同軍事演習などの本質を民衆は知らない。政治プロセスの厳格かつ失望を禁じ得ない限界など、政治体制そのものへの不満と、アメリカやイスラエルへの敵意が、表裏一体の関係をなしているのだ。

ヨルダンも似たような状況にある。啓蒙的ながらも足場の弱いこの国の君主制は、老獪な故フセイン国王が数十年をかけて構築した戦略的絆によってアメリカと密接に結びついていた。だが、民衆の怒りと過激主義の波はヨルダンをものみ込んでいった。この国の貧困状況はますます深刻化し、パレスチナ人とイスラエル人の断層ラインが着実に深まり、これがヨルダン国内の相互不信の種となっている。支配者がイスラエルとの完全な和平を試みても、ヨルダンの「市民社会」と新聞のコラムニストたちは、それを鼻でせせら笑うだけだ。故フセイン国王はたしかに遠くの大国との密接な関係を築き上げたかもしれない。だがヨルダン民衆が親米路線になじんでいたわけではない。「イラクへの経済制裁が解除されていたら、そしてこの国がイラクの経済圏の一部であり続けていたら、ヨルダンはより豊かになっていたはずだ」という声をいたるところで耳にする。たしかに、ヨルダンのアブドラ・フセイン新国王は、最近パウエル国務長官がヨルダンを訪問した際に、赤いじゅうたんを広げて彼を迎え、かつての湾岸戦争の将軍の再訪問には明らかに凱旋的なトーンが漂っていた。だが、群衆が掲げるプラカードや、うち振る横断幕に書かれていたのは「戦争犯罪人」という文字だった。このたぐいの民衆の怒りを前にして、遠くの大国にできることはほとんどない。政策で彼らの憤りを癒すことはできない。クリントンのように、イスラエル・パレスチナ問題という藪のなかに足を踏み込めば、「厚かましい」と糾弾され、一方、初期のブッシュ政権のように距離をおいても、「パックス・アメリカーナは中東を見捨てた。この問題に無関心だ」と批判されることになる。

湾岸戦争とその後

「砂漠の嵐」作戦後にアメリカが中東で手にした絶大なパワーが永続化することはそもそもあり得なかった。アメリカが今後ずっとイラクを隔離し続けるのも不可能である。一九九〇〜九一年のひどく危険に満ちた瞬間になんとかとりまとめた広範な連帯を、永遠のアレンジメントとみなすのは知的怠慢としか言いようがなかった。イラン、イラクは地政学的にも、経済的にも今後間違いなく力を盛り返す運命にある。アメリカが湾岸でうまくやれたのは、イラクの厚顔な現状変革主義と、イラン革命を契機にこの国がイラクと戦ったという背景が存在したからだ。産油諸国への軍事力の展開、クウェートでの防衛線の確立、アラビア半島でのアメリカの軍事プレゼンスなどを実現できたのは、イランとイラクが当時、手のつけられない状態にあったからだ。九〇年代の湾岸での米軍のプレゼンスに対する民衆の懸念を無視することができたのは、こうした背景があったからだ。

だが、そのような状況が終わりを告げるのは当初から目に見えていた。イラクが着実に制裁破りに成功する一方、中東の民衆は、この措置はイラク市民をひどい状況に陥れるアングロ・サクソンの包囲網だと考えだしていた。

つまり、サダム・フセインに対する軍事キャンペーンの時期が、アラブ政治がきわめて特異な経験をしていた時期と重なっていたのだ。サウジアラビアやエジプトのイスラム法学者たちのなかには、サダムはイスラム法の道義的拘束を踏みにじっており、彼の侵略と暴政を牽制するために外国勢力と連帯するのはイスラム法に照らしても許容できる、と言う者もいた。かつては、アメリカに近づいてほしくないと考えていたアラビア半島の一部諸国も、アメリカに、汎アラブの連帯を切り刻んだ同胞からの保護を求めていた。しかし、イラクの独裁者がアメリカの攻撃から身をかがめて持ちこたえたために、外国勢力によるおぞましい軍事キャンペーンが半ば永続化されることになった。サダムは、アラブ世界のルールを知っていた。彼は、（いずれ時がやってくることを理解した上で）変動する秩序のなかで耐え忍んでいた。

イラクの支配者は、パックス・アメリカーナによる短期決戦型戦争の後に、この地域が苦悶することになるのを理解していた。イラクを取り囲むこの地域一帯は貧困にさいなまれていた。原油価格は低迷し、戦費負担を行った産油国にとって湾岸戦争はかなりの出費を強いた。産油国は「必要以上の戦費負担を強いられたのではないか。とても買えないような兵器をアメリカに押しつけられたのではないか」と疑問も感じだしていた。

湾岸戦争の曖昧な決着が、中東の民衆の疑いをますます深めた。「アメリカが信号を青にしてイラクをクウェート侵攻へと誘い、サダムをあえて政権の座にとどめることで、パックス・アメリカーナはこの地域に軍事プレゼンスを維持する前提を作り上げたのではないか」。こうした環境のなか、イラクの支配者はその後、公正無私を装うアメリカの絶対的な力による覇権の空洞を暴きだすことに乗り出した。

一九九六年のイラク危機は、アメリカという絶対的な力にそうした空洞の存在をまざまざと見せつけた。サダム・フセインは、湾岸戦争後にアメリカがクルド人のためイラク北部に設けた安全地帯に殺人部隊を送り込んだ。サダムはこの地を踏みにじり、アメリカのパワーに身を委ねた人々数百人を処刑した。これに対してアメリカはイラクの対空防衛施設を攻撃するために、湾岸に停泊する米戦艦からトマホーク・ミサイルを発射し、B52爆撃機をグアム島から発進させた。だが、アメリカのこうした反応に、もはや惑わされる者はだれもいなかった。もはや外国勢力が中東地域にとどまるべきだと考える者はだれもいなかった。アメリカの官僚たちは、この事件をクルド人の内紛、「身内の殺し合い」として片付けた。その後実施された空爆作戦を一部の人は、「攻撃して、忘れる」作戦と揶揄したが、この作戦がアメリカの決意と封じ込めについての幻想を一時的に作りだしたのは事実かもしれない。しかし、結局クリントン政権は攻撃に本腰を入れなかった。彼は、指を風の中にかざし、中東世界のムードを推し量り、サダムに対する大がかりな軍事作戦を許容するような雰囲気が存在しないことを感じ取ったのである。

ブッシュ政権が発足した直後に、すでに新政権の高官たちは中東情勢が変化しつつあることを感じ取っていた。バグダッドには、傷ついてはいるが、まだ生きているネメシスがいた。クリントンのアメリカはイスラエル・パレスチナ問題の妥結に向けて大いに努力したが、ペルシャ湾岸にはほとんど関心を払わなかった。そして、小うるさいテロの攻撃に対する煮え切らぬ対応がすでにパターン化しつつあった。

見張り番の孤独

二〇〇〇年になると、今度はヤセル・アラファトが第二次インティファーダというさらなる不安定化要因を混乱という鍋のなかに投げ込んだ。そこには、アメリカがアラファトの肩を持ち、旧軍人のイスラエル首相が、国内政治からみて許容できるすべてをパレスチナの指導者に認めようとするたぐいまれな構図が誕生していた。だが、アラファトは提案に背を向け、パレスチナ人になじみの深い歴史的手法をとった。諸国家が形成する世界にあって何を手にでき、何を手にできないかを考えることなく、とにかく妥協を拒絶して最大限の要求をするというおなじみのやり方だ。アラファトは、「アラブの通り」に身を置き、いずれ反乱を起こして、パックス・アメリカーナに自分の要求を受け入れさせようと考えている。彼は再び、「ヨルダン川から海にいたるすべてを手に入れる」という古くからの夢のために、民衆に蜂起を促すだろう。アラファトはより現実を理解しているはずだし、アメリカの圧倒的な力も認識しているはずだと考える人もいるかもしれない。

しかし、パレスチナ人、アラブ人の頭のなかでは、モロッコの歴史家アブドラ・ラルーイが指摘した有名なフレーズがつねに駆けめぐっている。「すべてのことが消え去ると同時に再建され、新たな来訪者たちが、まるで魔法のように、略奪を繰り返したこのアラブの地から出ていく日がいつかやってくる」。アラファトはこうした贖罪の思想が持つ力を理解している。彼は、この思想の流れに身を任せておくのが無難であり、いつの日かまた新たな提案があると間違いなく判断している。

第二次インティファーダの大きな怒りにもかかわらず、パレスチナの歴史にはいつも大きな皮肉がつきまとう。一九九〇年代初期の段階では、パレスチナ人には失うものは何もなかった。アラブの権力集団のはぐれ者であるアラファトは、すべてを手に入れようとする政治的伝統を忘れ、ときには、オスロ合意（パレスチナ暫定自治合意）という歴史的決定を最大限活用しようと試みた。

その後、パレスチナの指導者はアラブ政治の枠を超えて、イスラエルの政治にもかかわっていく。そのプロセスのなか、イスラエルの招きによってアメリカの軌道のなかにさえ入っていった。パレスチナが再びアラブ政治の枠内に舞い戻ってきたのは、まだ実現していない古くからの贖罪の思想を思い出したからだ。

「民衆にまだ心の準備をさせていない和解というリスクを冒すよりも、武力蜂起のほうがまだましだろう」。これこそアラファトのやり方だった。だからこそ、彼は二〇〇〇年夏のキャンプデービッドでの提案をはねつけた。アラファトの補佐官の一人であるナビル・シャースは、「ヤセル・アラファトは白馬にまたがって帰郷した」と当時の状況を描写してみせた。アラファトは提案を拒絶することで、自分がエルサレムと難民のことをまだ気にかけていることを示した。「アメリカとイスラエルによる圧力を前に彼は席を立った」とシャースは指摘した。戦後の中東世界の落とし子的存在であるアラファトは、一九四八年の第一次中東戦争敗北後の「報復」という潮流のなかで生活してきた。パレスチナ問題はアラブの屈辱の象徴とされ、その後、悪魔と生け贄の羊探しがアラブ政治を形づくっていく。

「政治的に満足を得られないという点では、一九四八年にレバノン、シリア、ヨルダンに避難したパレスチナ難民も、イスラエルの建国によって、アレクサンドリア、フェズ、バグダッド、ベイルートというアラブの土地から姿を消したユダヤ人も同じである」などと、日和見主義者のアラファトが口にするはずもなかった。

彼は、いずれだれかがやってきて火を消してくれることを願いつつ、第二次インティファーダに火をつけた。彼はイスラエル政治の外部プレーヤーになり、自分の立場次第でイスラエルの首相たちを権力の座から追い落とすこともできるし、じっとしていれば、好ましい方向へと流れを作ってくれる外部勢力の介入を強要できることも理解していた。アラファトは、若いパレスチナ人たちに社会秩序も雇用も訓練も与えられなかったが、イスラエルの経済的流れを遮断し、オスロ合意によって実現した平穏を破壊する路上での戦争を開始させる程度の力は持っていた。

アラファトが待っていたのは雨だったが、二〇〇一年九月十一日に起きたのは洪水だった。「これは新たな戦争、新たな戦場の出現を意味し、アメリカはアラブ・イスラム諸国の助けを必要とすることになろう」。パレスチナの首席交渉者サエブ・エレカットはこう表明し、今回のアメリカに対するテロ攻撃につながった原因の一つがパレスチナ問題であるのは間違いないと付け加えた。アメリカ主導型の対テロ攻撃用の戦力が整えられ、アメリカがアラブ・イスラム世界への探索に再び乗り出すなか、アラファトは、パレスチナ人のためにアメリカと取引できる新環境が生まれたと考えている。

要するに、アラファトは、対テロ戦争へのアラブ側の参加を求めるにはわれわれの持参金、つまり、「アメリカによるパレスチナ問題の解決」という持参金が必要になると踏んでいる。一方、アメリカの戦略に歩調を合わせることに神経質なアラブの政権が、アメリカに協力するにはそれなりの取り繕いが必要となり、パレスチナ問題の当事者であるアラファトは、そうしたカバーアップ（大義）を自分は提供できる立場にあると主張するだろう。

だが、アメリカを攻撃したテロリズムの根はパレスチナ問題の歴史とは全く関係ない。テロ実行犯たちは、アラファトが第二次インティファーダの開始を「カミカゼ殉教者」や「投石する子供たち」に呼びかけるはるか前から、アメリカの航空訓練所でテロに備えた準備を行っていた。だがパレスチナの指導者と側近たちは、反米テロに火をつけたのはパレスチナの怒りであると強くアピールした。

十年前、サダム・フセインが湾岸での覇権を確立しようと試みたとき、パレスチナ人はその行為を大いにたたえた。だが、それでもパレスチナ勢力には一九九一年十月のマドリード会議での役割が認められ、アメリカの政策面での慎重な配慮の結果、平和に対する事実上の発言権も得た。当時、第一次インティファーダはすでに下火となり、運動は悪魔と「共謀者」探しへと堕落していたわけで、これは、アメリカの中東外交がなんとも間の悪いタイミングで開始されたことを意味する。第二次インティファーダにも似たような運命が待ち受けているのかもしれない。アメリカがアラブ・イスラムの地に新たな関心を持ち始めるなか、アラファトが再び手を差し伸べられることを期待していると考えてもおかしくはない。

だが今後は、アラファトが他国の政策を左右する力を持つことはなく、各国は自ら合意をとりまとめようと試みるだろう。そして、パックス・アメリカーナは、中東における孤立を思い知ることになる。今回アメリカが置かれている状況は特に困難である。アラブの各国政府は、足場を脅かす国内の政治的イスラム勢力の脅威を切実に感じており、アメリカが対テロ攻撃を行っている最中にワシントンと公然たる同盟関係を結ぶことからは何の利益も得られないことを理解している。来ては去っていく外国勢力には、怒りに満ちた群衆の敵愾心に対する保護を提供する力はない。アラブ・イスラム文化圏では、支配者が西洋諸国との共闘路線をとるよりは、彼らによる権威主義体制のほうがまだましだとみなされている。（西洋との同一路線がいかにリスクを伴うかは）エジプトのサダト大統領、イランのパーレビ国王の末路を見れば明らかだろう。

中東の歴史は、外国勢力と手を組むのなら、そのリスクを自ら引き受けなければならないことを教えている。逆に言えば、天寿を全うしてこの世を去ったシリアの独裁者ハフェズ・アサドの一生はある種の成功だったとみなすこともできる。彼は一度もアメリカを訪問せず、自分の世界だけで一生を終えた。対照的に、直情行動型のサダトは諸外国にエールを送り、結局は孤立し、暗殺され、しかも中東という彼の故郷でその死を悼む者さえいなかった。

アラブ・イスラム世界の見張り番をする外側の国と同盟関係を結べば、「共謀者」、あるいは信仰上の裏切り者とみなす人々によって報復の対象とされる。連帯関係が現在築かれつつあり、アメリカは、この地域の指導者たちに「われわれの側か、テロリストの側か」どちらにつくのか、立場をはっきりとさせるように求めている。だが、これは中東の指導者たちがもっとも懸念する事態が到来したことを意味する。悪質な反米主義のなかに身を委ねている群衆が見守るなか、中東の指導者たちは自らの命運を決するような重大な選択を強いられることになるかもしれない。

中東地域の現実を考えれば、アメリカが協調を引き出せるのは、中東諸国の外務大臣や外交官からではなく、むしろ内務長官や治安当局の担当者たちからだろう。水面下で協調する国は出てくるだろうが、中東の支配者たちは公的にはアメリカと距離を置こうとするはずだ。パキスタンのムシャラフ首相は（アメリカとの連帯という）勇敢な選択を下したが、アラブ・イスラム世界の指導者はみな、ムシャラフが協調姿勢を維持できるかどうか、国内の秩序を保てるかどうかを大いに心配している。

広範な連帯が形成されれば、アメリカはイスラム世界で独りぼっちではないと感じて安堵するかもしれない。湾岸やエジプトというアラブ世界の中枢から遠く離れたアフガニスタンを攻撃するのは簡単だろう。タリバーンは現代版のクメール・ルージュであり、そう気を使わずに果敢に対処できる。だが、より曖昧で、なかなか足を踏み込みにくいアラブ世界と向き合うときに、アメリカは挫折感を味わうことになるだろう。ニューヨークにそびえ立つ二つのガラスの塔とペンタゴンに飛行機を激突させたのはアフガニスタン人ではない。実行犯は、反米主義があふれかえり、民衆が何かの合図一つで憂鬱なテロリストに変貌するアラブ世界の人物たちである。

そして未知なる世界へ

「旅客機をビルに衝突させられたときに、アメリカの命運は尽きた」。レオン・ウィゼルタイアーはニュー・リパブリック誌にこのように書いた。一九九〇年代は幸運の十年、愚か者のパラダイスだった。しかし、歴史が終焉へとたどり着いたわけではなく、終着点はまだ視界にさえ入ってこない。市場経済が、古くからの人々の歴史的感情を消し去ったわけではないし、ハイテク世界の電子時代が夜明けを迎えたわけでもない。御しにくく、反発が渦巻く世界は、世界に畏怖心を抱かせていたアメリカ経済の強さと勝利が九月十一日に粉砕され、ニューヨークが噴煙と瓦礫だらけにされたことに、満足していた。

石油とイスラエル・パレスチナ問題のある場所に、パックス・アメリカーナは今後もとどまり続けるだろう。たしかに、中東地域でのアメリカの優位が大きく崩れるとは考えられず、アメリカの覇権は間違いなく維持されるだろう。だが、アメリカに対する抵抗もなくなることはない。中東地域では、外国人による秩序提供の必要性、そして外国に対抗することへの突き上げるような感情とが折り合いのつかぬままに行き場を失っており、こうしたなかで、外国を利用しても、それに抵抗しても同じことなのだ。

いまや明らかに戦争の響きがこだましている。二十一世紀の最初の戦争は、前世紀最後の戦争となった、結末のはっきりしない対イラク戦争が起きたこの中東からそう遠くない地域で戦われつつある。今回の戦争は、アラブ・イスラム世界にアメリカがかかわり続ける限り、簡単な戦争とはなり得ない。アラブ・イスラム世界は、これまでにない形でアメリカの意図を試そうとするだろう。国内イスラム勢力との戦い方を大目にみることを求める政府も出てくるだろうし、実際に物的支援を要請する政府も出てくるかもしれない。中東の治安部隊が、アメリカの規範からすれば到底受け入れられないような方法で集めた情報を、餌として提供する中東の支配者も出てくるだろう。

一方、テロに対する憤りをアメリカの友人と共有する人々も、いずれ、立憲主義者、「(多元的な) 市民社会」の生活者として冷静さを取り戻していくだろう。また、西洋の多元主義のどこかに自らの身の置き場所を見つけ、テロ勢力を支援し、煽る勢力も出てくるだろう。アメリカの友人のふりをしながらも、必要なときに姿を見せないカメレオンもいるはずだ。アメリカ人に語りかけるという手段がある一方で、言葉などはたんなるポーズにすぎないとわからせるやり方もある。危険地帯、そして幅の狭い横道のガイドを申し出る山師まがいの情報提供者や詐欺師も登場するだろう。

かつてヨーロッパという旧世界と距離を置いていたアメリカは、いまや東方世界に進んで首を突っ込まざるを得なくなっている。厄介な外国地域から遠く離れた内陸テキサスで育った、いかにもアメリカ的なジョージ・W・ブッシュに、ひどく異質であまりにわかりにくい世界へアメリカを誘う役回りがめぐってきたことは、はらはらするとともに、皮肉な現実と言わざるを得ない。

務める。

「イラク経済制裁の戦略的解除を」
F・グレゴリー・ゴーズ　F. Gregory Gause Ⅲ
バーモント大学政治学準教授。同大学の中東研究プログラムのディレクターも務めている。専門分野は中東，特にアラビア半島を巡る国際政治。元コロンビア大学政治学準教授。著作は Saudi-Yemeni Relations（1990），Oil Monarchies（1994）があり，前者はアラビア語にも翻訳されている。

「サダム・フセイン政権存続の謎」
オフラ・ベンジオ　Ofra Bengio
テルアビブ大学中東研究所の上席研究員兼同大学歴史学講師。専門は中東現代史，イラク近現代史，アラビア語。著作は Saddam Speaks on the Gulf Crisis（1991），Saddam's Word（1998）など。

「パレスチナ紛争と中東政治の現実」
ジルス・ケペル　Gilles Kepel
パリ行政学院政治学教授。専門はアラブ・イスラム研究。著作は Jihad: The Trail of Political Islam（2002），Allah in the West（1997），The Revenge of God（1994）など多数。
サンドラ・マッケイ　Sandra Mackey
コラムニスト。専門は中東問題で，ＣＮＮやＢＢＣのコメンテーターとして活躍している。著書も The Reckoning: Iraq and the Legacy of Saddam Hussein（2002），The Iranians: Persia, Islam and the Soul of a Nation（1996），Passion and Politics（1995）など多数ある。また，ニューヨーク・タイムズなどの定期刊行物にも多数寄稿している。
ワイチェ・フォーラー　Wyche Fowler, Jr.
前駐サウジアラビア・アメリカ大使（1996〜2001年）。1987〜93年には上院議員（民主党・ジョージア州選出）を務めている。

米外交問題評議会シニア・フェローでオープンソサエティー財団のワシントン支部局長も務めている。専門分野は民主主義，アメリカの対外政策。ハーバード大学助教授やブルッキング研究所シニア・フェロー，国家安全保障研究センターのディレクター，センチュリー財団の上席副会長などを経て1998年～2001年には国務省の政策企画局長を務めた。著作はトマス・シェリングと共著の Strategy and Arms Control (1961)，Defense Strategies for the Seventies (1971)，Nuclear Fallacy (1987) など多数に及ぶ。

「湾岸戦争とアラブの混沌」
「中東世界でのアメリカの孤独」
フォアド・アジャミー　Fouad Ajami
　ジョンズ・ホプキンズ大学ポールニッツスクールの政治学教授。専門は中東研究。元プリンストン国際研究センター研究員。著書は Beirut : City of Regret (1988)，The Arab Predicament (1981, revised edition in 1992) など。最近では The Dream Palace of the Arabs (1998) があり，中東問題や現代国際史についてニューヨーク・タイムズ・ブックレビューなどさまざまな雑誌，定期刊行物にも寄稿している。

「サダム・フセインは追放できるか」
ダニエル・L・バイマン　Daniel L. Byman
ランド・コーポレーション中東政策センターのリサーチ・ディレクター。ＣＩＡでペルシャ湾岸に関する政策アナリストを務めたこともある。著書はマシュー・ワックスマンと共著の Confronting Iraq (2000)，Keeping the Peace (2002) など多数。
ギデオン・ローズ　Gideon Rose
米外交問題評議会シニア・フェロー兼国家安全保障プログラム副議長。専門は国際紛争，テロリズム，経済制裁，中東研究など。ナショナル・インタレスト誌の副編集長などを経てプリンストン大学政治学講師（1996～97年），コロンビア大学客員教授（98～99年）を

「アメリカはなぜ憎まれる」（フォーリン・アフェアーズ日本語版2001年12月号）をまとめている。著書にはThe Threatening Storm : The Case for Invading Iraq（2002）があり，The Arabs at Warも近く出版される予定。

「サダム追放策と中東社会の民主化」

トム・ラントス　Tom Lantos

1928年にハンガリーのブダペストで生まれる。青年期には反ナチス，反共の地下活動に参加。ホロコーストから生還し，アメリカで連邦議会議員となった唯一の人物として知られる。47年に渡米し，カリフォルニア大学で経済学博士号を取得，米国籍となる。80年に米下院議員（民主党，カリフォルニア州選出）に選出されて以来，連続当選を続けている。ユダヤ系米市民としてイスラエル国家の安全確保にむけて努力するとともに，チベットの政治犯釈放や各国の市民の人権問題についても熱心な活動を行ってきた。日本が第二次世界大戦中に中国で犯した戦争犯罪についても日本政府による厳格な調査と対応を求めてきた。

「イラクと大量破壊兵器」

リチャード・バトラー　Richard Butler

米外交問題評議会外交官レジデント。専門分野は軍備管理，安全保障，国連，中近東。1966年にオーストラリア外務省に入省後，外交官として軍縮大使，駐タイ大使，国連大使を歴任。97年～99年には湾岸戦争後の国連安保理決議687号が定めた，イラクの大量破壊兵器に関する即時査察のための特別委員会である国連大量破壊兵器廃棄特別委員会（UNSCOM）委員長を務めた。主な著作にThe Greatest Threat : Iraq, Weapons of Mass Destruction, and the Crisis of Global Security（2001），Fatal Choice : Nuclear Weapons and the Illusion of Missile Defense（2001）がある。

「対イラク『封じ込めプラス』戦略で戦争回避を」

モートン・H・ハルペリン　Morton H. Halperin

著者紹介

「サダム追放策の全貌を検証する」
リチャード・N・パール　Richard N. Perle
　アメリカン・エンタープライズ研究所のレジデント・フェロー。ペンタゴンやアメリカの安全保障政策に関する非政府系の有力な専門家集団である「国防政策委員会」の議長も務めている。専門分野は国防・安全保障研究，ヨーロッパ・中東の地域研究。冷戦期における最も有力な上院議員の一人であったヘンリー・ジャクソンの首席補佐官を皮切りに，外交・防衛畑でキャリアを積み，レーガン政権では国防次官補を務めた。著書に Hard Line (1992) があるほか，ニューヨーク・タイムズやウォール・ストリート・ジャーナル，ワシントン・ポストなどの雑誌，定期刊行物にも多数寄稿している。
レオン・S・ファース　Leon S. Fuerth
　ジョージ・ワシントン大学客員教授。国務省で12年間勤務した後，下院スタッフに転じ，レス・アスピン議員の補佐官，上院でアル・ゴア議員の外交顧問を務めた。クリントン政権では，ゴア副大統領の国家安全保障問題担当補佐官を務め，ロシア，ウクライナ，カザフスタン，南アフリカ，エジプトに関する副大統領特別委員会を取り仕切った。

「イラク侵攻というアメリカのジレンマ」
「サダム・フセインは追放できるか」
ケニース・M・ポラック　Kenneth M. Pollack
　米外交問題評議会の国家安全保障問題担当シニア・フェロー。専門分野は中東の軍事・政治問題，イラク，テロリズムなど。ＣＩＡペルシャ湾岸軍事分析官，国家安全保障会議南アジア担当ディレクター，ワシントン近東政策研究所研究員，米国防大学国家戦略研究所上席研究員を務めた後，2001年までクリントン政権の国家安全保障会議のスタッフとして，湾岸問題担当のディレクターを務めた。2001年９月11日の同時多発テロの後には，米外交問題評議会の組織した「テロリズムに関するタスクフォース」に参加し，研究会報告